JN495052

나의
행복지수는……

나의 행복지수는……

이달석 편

학지사

머리말

나의 막내딸이 시집을 가 독립한 성인으로 생활하면서 삶에 대한 궁금증에 관한 질문을 이따금씩 하기도 하며 자기가 읽었던 책을 보내 주기도 하였다.

필자는 퇴직하고 여유 있는 시간이 있어 주위 사람들과 만남을 자주 가졌다. 그 만남에서 주된 대화 내용은, 살아온 것이 허전하고 허무하며 지나온 삶이 빈껍데기 인생 같다는 것이었다. 또한 행복에 대해 자기 나름대로 의미를 부여하기도 한다는 것이다.

'행복'이란 단어는 모든 사람이 호감을 가지고 있고, 어느 단어 못지않게 많이 사용하는 단어다. 체계적이고 논리적으로 따지고 보면 행복에 대한 설명이 부족한 면이 있지만, 사람들은 대체로 그 의미 만큼은 파악하고 있는 것 같다.

우리는 대충이라도 이미 알고 있는 것, 또는 알고 있지만 잊고 있는 것을 가끔씩 상기할 필요가 있다. 행복에 관해서는 더욱 그렇다.

필자는 행복의 본질을 이해하고 실현하도록 하는 데 조금이나마 도움을 주어 사람들이 좀 더 행복해지는 데 기여하고자 이 책을 준비하게 되었다. 이 책의 내용을 생활 지침으로 삼는다면 분명히 행복의 문이 열릴 것이다.

이 책을 '편저' 라고 한 까닭은 저자의 능력으로 표현하기보다는 선지자(先知者)가 섬세하고 적나라하게 행복을 묘사하였기에, 행복의 전파력을 넓히고자 그들의 서술을 삽입하였기 때문이다. 따라서 그들에게 은혜를 입었음에 감사를 표한다.

끝으로 어려운 출판 상황에서도 이 책이 세상에 나올 수 있도록 도와준 (주)학지사의 김진환 사장님께 감사함을 전한다. 아울러 자료를 빨리빨리 구입해 준 큰딸과 물심양면으로 협조하여 어려움 없이 원고를 쓰도록 도움을 준 아내에게도 감사함을 전한다.

2013년

광주 지산동에서

차 례

행복이란 어떤 것인가

행복은 현재의 즐거움과 실현 가능한

희망의 복합체다.

행복이란 어떤 것인가

인간의 수명은 대체로 100년 미만이다. 인류학에서는 인간의 조상을 호모사피엔스(*Homo-sapiens*)라 일컬으며 지금으로부터 약 3만 5000년 전에 존재했다고 한다. 전체 인류의 역사를 놓고 볼 때 개인의 수명은 매우 짧다고 할 수 있다. 그래서 종교에서는 삶을 촌음(寸陰)에 비유하기도 한다.

인간의 삶은 미시적으로 보면 희(喜)·노(怒)·애(哀)·락(樂), 거시적으로 보면 길(吉)·흉(凶)·화(禍)·복(福)의 혼합으로 되어 있다. 이미 말한 것처럼 인생이 매우 짧다는 사실을 받아들인다면, 인간은 누구나 후회 없는 삶을 살고 싶어 한다. 그러나 자기 뜻대로 자기 삶을 영위하는 것은 그리 쉬운 일이 아니다.

우리는 원치 않는 천재지변(지진, 가뭄, 홍수, 한파, 태풍 등), 전쟁, 사고 등의 환경에 의한 피해를 감내하며 살고 있다. 또한 우리의 현대문화는 지혜보다 지능을, 연민보다 효율을, 사랑보다는 경쟁을, 즐거움보다는 성취를 강조하는 풍토에서 생존을 위해 어쩔 수 없이 이 문화에 순응할 수밖에 없음으로 개인 중에는 열등과 좌절로 인한 불안을, 대인관계에서는 불쾌감을, 생활 환경에서는 불만을 가진채 살아가고 있다.

천재지변은 불가항력이라 할 수 있지만, 문화는 누적된 우리 삶의 방식이다. 그러므로 문화를 발전시키면서 소중한 우리의 삶을 영위하고자 하는 생각이 바로 '행복'이라 할 수 있다. 우리는 모두 행복한 삶을 살고 싶어 한다. 사는 모습은 달라도 행복하기를 원하는 것은 누구나 마찬가지다.

희랍의 철학자 아리스토텔레스는 "행복은 삶의 의미이며 목적이고, 인간 존재의 온전한 목표이며 목적이다."라고 말했다. 티베트 대승 달라이 라마는 "종교를 믿든 안 믿든, 이 종교를 믿든 저 종교를 믿든 우리 삶의 목적은 행복이며, 우리 삶은 행복을 향해 움직인다."라고 정의하였다.

이 두 사람의 행복에 대한 공통점은 행복을 삶의 최상의 목적으로 현실의 삶에서 점차 실현해야 하며, 현실의 삶에서 행복을 가꾸는 마음을 잊지 않아야 함을 제시하고 있다. 미국에서 가장 존경받는 명사 중 한 사람인 리처드 칼슨은 "행복은 자신이 가진 것과 원하는 것 사이에 얼마만큼의 차이가 있느냐에 달려 있다."라고 하였다. 이는 현실에 바탕을 두고 있으며, 또한 갖고 싶어 하는 것보다 갖고 있는 것을 중시한 것이다.

행복학 강의 『해피어』를 저술한 탈벤-샤하르는 '행복은 즐거움과 의미의 포괄적인 경험'이라고 정의한다. 즐거움은 현재 행위에 따른 이익이다. 그는 의미의 포괄적 경험은 미래의 이익과 연관된, 순간적이 아닌 모든 경험이 합해진 느낌을 의미한다고 하였다. 그의 입장에서 보면 삶이란 희(喜)·노(怒)·애(哀)·락(樂)이 수반되기 마련인데 화냄[怒]과 슬픔[哀]은 역설적이지만 미래의 행복의 변인이 될 수 있다.

행복에 대해, 아리스토텔레스나 달라이 라마는 삶의 목적으로, 리차트 칼슨은 현실 생활에 내재되어 있는 현실로 관점을 정한다면, 탈벤-샤하르는 이 양자를 절충한 현실과 미래를 연결하는 '행복론'이라고 할 수 있다.

행복감은 행복을 느끼는 감정의 줄인 말이다. 행복의 출발은 그 개인의 감정이 긍정적인가, 부정적인가에 따라 좌우된다. 우리는 일상생활에서 누군가의 저질적이고 얄미운 행동을 보거나, 자기의 자존심을 훼손당할 때 부정적인 감정(분노, 폭언, 폭력, 살인 등)을 표출하여 미래를 건잡을 수 없게 한다. 이처럼 감정 처리 여부에 따라 행복과 불행이 갈리게 된다.

응용심리학의 최고 권위자인 윌리엄 제임스는 "감정이 유발되면 동시에 행동이 작용한다고 하였다. 그러나 행동을 직접적으로 제어하는 것은 의지다. 의지가 직접적으로 지배하고 있지 않은 감정은 간접적으로 규제된다. 바꾸어 말하면 단지 의지로 결심한 것만으로는 감정을 바로 바꿀 수 없으나 행동은 바꿀 수 있다는 것이다. 행동이 바뀌면 자동적으로 감정을 바꿀 수 있게 된다."라고 말했다. 예를 들어, 기분이 따분한 경우 자력으로 회복하는 가장 좋은 방법은 미소를 띠고 어깨를 펴고서는 크게 숨을 들이키고 무슨 노래라도 불러 유쾌한 것처럼 말하고 행동하는 것이다.

감정을 동요시키는 힘이 동기다. 우리가 의욕이 없는 상태에서 벗어나 행동하게끔 하는 것이 동기이며, 동기의 기초에서 감정은 유발된다. 만일 우리에게 행동할 동기가 생기지 않는다면 아무것도 하고 싶지 않을 것이다. 자신의 행동과 사고에 무관심하게 되고 어떤 결과를 가져올지 염려하지도 않을 것이다.

한편 감정은 동기를 유발하므로 행복을 추구하는 동기에 중요한 역할을 한다. 따라서 행복해지기 위해서는 긍정적인 감정을 느껴야 한다. 즐거움은 충만한 삶을 위한 전제조건이다. 우리가 살아가는데 즐거움이 전혀 없고 끊임없이 감정적인 고통에 시달린다면 행복한 삶은 불가능하다. 즐거움이란 '도취나 황홀경'을 뜻하는 것이 아니다. 누구나 기분이 좋을 때가 있고 나쁠 때가 있다. 때로는 세상일이 마음대로 되지 않거나 사랑하는 사람과 헤어져 슬픔에 빠져도

전반적으로 행복한 인생을 살 수 있다. 행복의 조건은 황홀경이나 긍정적인 감정이 계속되는 것이 아니다.

행복한 사람은 희로애락을 모두 경험하지만 그의 전반적인 존재 상태는 긍정적이다. 대체로 분노와 죄의식과 같은 부정적인 감정보다 기쁨과 애정 같은 긍정적인 감정에 따라 움직인다. 행복하기 위해서는 때로 슬픔이나 시련, 고난을 만나더라도 여전히 살아 있는 기쁨을 느낄 수 있어야 한다.

우리가 감정을 느끼는 능력은 다른 동물과 유사하지만 기본적으로는 차이가 있다. 다른 동물과는 달리 감정의 원인을 생각할 수 있다는 점이다. 즉, 자신의 감정, 생각, 행동을 숙고하는 능력이 있다. 또한 영성 능력을 갖고 있다. 옥스퍼드 영어사전에는 영성을 '어떤 의미에 대한 현실적인 인식' 이라고 정의하고 있다.

동물은 영적인 삶을 살 수 없다. 그래서 자기 행동에 그것이 가져오는 즐거움이나 고통 이상의 의미를 부여하지 못한다. 우리가 목적의식을 갖는다는 것은 단지 목표를 정하는 그 이상의 의미가 있다. 목적의식을 느끼려면 우리가 정한 목표가 자신에게 의미가 있어야 한다. 의미 있는 삶을 살기 위해서는 사회적 기준과 기대에 따르기보다는 자기 자신에게 의미가 있는 자발적인 목적을 가져야 한다. 이러한 목적의식을 느낄 때 우리는 '소명을 발견한' 것처럼 느낀다. 조지 버나드쇼는 "스스로 중요하게 여기는 어떤 목적을 위해 움직이는 것이야말로 진정한 삶의 기쁨이다."라고 말하고 있다. 스스로 선택한 일에서 의미와 즐거움을 느끼는 사람은 보물을 준다고 해도 그것과 바꾸지 않는다. 그리스 철학자 디오게네스와 알렉산더 대왕과의 일화가 이를 잘 말해 준다.

알렉산더 대왕은 디오게네스의 현명함에 반해 사람을 시켜 몇 번이나 초청했으나 디오게네스는 만나 주질 않았다. 결국 알렉산더 대왕이 직접 그를 만나러 길을 나섰다.

마침 그 철학자는 둥그런 나무통 안에 앉아 일광욕을 즐기고 있었다. 그와 한창 이야기를 나누던 중 대왕은 문득 디오게네스에게 물었다.

"지금 내가 당신을 위해 해 줄 수 있는 일은 무엇이오? 나는 당신이 원하는 것이라면 무엇이든 들어줄 수 있는데 말이오."

디오게네스가 답하였다.

"그러시다면 제발 좀 비켜서 폐하의 그림자를 치워 주시겠습니까? 폐하의 그림자가 해와 저 사이를 가리고 있습니다."

유명해져 버린 이 말은 이런 뜻이 아니었을까?

"나는 만족해, 나는 행복하다고. 그러니까 괜히 다른 거 나한테 주려고 하지 마. 나는 스스로 행복을 아는 사람이라 다른 게 필요 없어."(차동엽, 행복선언, 2009)

행복은 어떤 특성이 있는가

행복의 바탕은 정신적 · 신체적 건강이다.

행복은 어떤 특성이 있는가

행복의 영어 단어는 'Happiness' 다.

Happiness의 어원은 발생한다는 뜻의 'Happen' 이다. 행복은 발생하는 것이며, 쟁취나 획득되는 것이 아니고 창조되는 것이다. 그러므로 행복은 자기 자신에서 이루어지며, 또한 자기가 가꾸는 것이다.

우리의 감정을 결정하는 것은 환경에 대해 반응하는 방법 여하에 달려 있다. 감정은 의지나 이성에 종속되어 있기에 판단하는 대로 따라오기 마련이다. 맥풀림이나 불쾌감의 에너지가 먼저 생기는 게 아니라 불쾌하다는 판단이 먼저 일어나는 것이다. 그러므로 먼저 올바른 생각을 하면 들뜬 감정보다 평온한 감정을 유지하게 된다. 예를 들어, 누군가에 대해 불쾌감이 생겼다고 가정해 보자. 사실 이 불쾌감 자체는 잘못이 없다. 불쾌하다고 판단하는 나의 판단이 문제다. 그렇다면 내가 '왜' 그 사람에 대해 불쾌감을 갖게 되었는지, 그 사람이 잘난 체해서, 과시욕이 강해서, 나의 약점을 언급해서 등에 대해 '그 사람 인간됨이 수준 이하이구먼.' 하고 판단하면 '내가 괜히 불쾌감에 시달렸구나.' 하고 깨닫는다. 그리고 이제부터 넓은 안목을 가지고 살자고 스스로 다짐하게 된다. 즉, 자기 삶에 대한 넓고 깊은 안목을 갖고 살려고 한다.

'우물 안 개구리'라고 해서 모두가 똑같지는 않다. 그중에는 우물 안에서 태어나서 산 개구리가 있고, 우물 밖에서 살다가 어쩌다가 우물 안에 들어가 못 나오게 된 개구리도 있다. 그러므로 개구리가 사는 차원은 각각 다르다. 우물 안에서 태어난 개구리는 자신이 보는 하늘이 전부다. 반면에 우물 밖에서 살다가 들어간 개구리는 저 밖에 무엇이 있는지 알고 있다. 우물 밖에서 살다 우물에 들어간 개구리는 우물 안에서 하늘을 본다고 해서 하늘이 작은 것이 아니다. 다만, 우물 안으로 들어왔기 때문에 우물 벽의 구속을 받을 따름이다. 그러므로 우물이 무슨 허물이 있더라도 꺼릴 것도 없다. 우물 속에서 나오기만 하면 넓은 하늘을 볼 수 있다. 이미 하늘이 그만큼 넓은 것을 앎으로써 다시는 우물의 구속을 받지 않을 것이며, 다시 우물 속에 들어간들 불편할 뿐 두려움은 없을 것이다(전게서, p. 25). 삶에 대한 넓고 깊은 안목을 가지면 판단이나 선택이 용이하다.

임진왜란 때 이순신 장군이 전쟁에 임하는 병사의 사기를 진작시키기 위해 "즉생사 즉사생(卽生死, 卽死生)이라. 전쟁터에서 살려고 하면 죽기 마련이고, 죽을 각오를 하고 전쟁에 임하면 사는 법이다."라고 하였다. 이것은 올바른 판단이나 선택이 삶에 있어서 중요함을 말한 것이다.

따라서 자신의 판단이나 선택이 행복한 삶의 핵심이 된다. 삶은 선택의 연속이라 할 수 있다.

이미 말한 것처럼 다른 사람의 행동이 나의 행복을 좌지우지하도록 하는 한 나는 영원히 끝나지 않을 불행에 갇히게 된다. '그의 그릇되고 완고한 고집과 질투 때문에 나는 불행해.' 라는 마음을 가지고 살아가는 한, 우리는 결코 행복이 무엇인지 알 수 없다. 행복은 바로 내 안에 있는 것이다. 다른 사람의 행동이나 태도에 있는 것이 아니다.

단순하게 말하면 우리는 자기 내면에서 찾아야 할 것을 종종 다른 사람이나 환경과의 관계에서 찾는다. 관계에 대한 자신의 비합리적이고 비현실적인 기대를 갖는 것이다. 이런 생각을 바꾸지 않는다면, 우리는 늘 실망과 좌절을 느낄 것이며, 우리가 찾던 행복과 만족을 얻지 못할 것이다.

술이 담긴 컵을 보면서 아직도 술이 '반 잔이나 남아 있구먼.' 하고 긍정적으로 보는 사람이 있는가 하면, '반 잔밖에 없구먼.' 이라고 부정적으로 보는 사람이 있다.

사람들은 같은 환경에서도 개인의 인격과 지성의 수준에 따라 다르게 느낄 수 있다. 사람들은 모두 자기가 받았던 교육과 사회화의 영향에 따라 세상을 보기 때문에 아무도 정확하게 같은 시각을 가질 수는 없다. 즉, 사람마다 경험이 다르고 지각하는 방식이 다르기 때문에 전체를 조망하는 데 한계가 있다.

사람들은 자기가 믿는 대로 믿기를, 생각하는 대로 생각하기를, 자신이 '옳고' 그들이 '틀렸다' 는 것을 상대가 인정하기를 바란다. 그것은 바로 비합리적이고 비현실적이다. 따라서 지혜로운 방법은 '내가 바뀌어야 한다.' '나의 생각이 나를 변화시킨다.' 처럼 우리가 즐거운 생각을 한다면 즐거운 것이고, 불행한 생각을 한다면 불행하게 될 것이다. 따라서 불쾌한 일이나 사람 때문에 내가 열 받고 있는지 돌이켜 보아야 한다.

『실락원』을 쓴 (앞을 볼 수 없었던) 작가 밀턴은 "마음은 그 자신의 터전이니라. 그 안에서 지옥을 천국으로, 천국을 지옥으로 만들 수 있다." 고 하였다.

행복은 누구나 반드시 도달할 수 있는 구체적인 사실로서의 객관적인 행복이지, 단지 머리로만 생각하는 것이 아니다. 그것이 정당한 생각이다. 우리는 또한 그런 행복을 찾고 있는 것이다. 행복한 사람으로 인정받았던 멕시코 국왕 '왁스' 가 "어떤 진리가 아닌 것 또는 편견을 버린다면 반드시 그다음에는 행복감이 뒤따르게 된다." 라고 말한 것은 정당한 판단이라고 할 수 있다. 독일의 문호 괴테는

『타소』에서 "행복은 이 세상에 있는 것인데, 우리는 그것을 모르고 있다. 아니 알고는 있지만 그것을 존중할 줄 모르고 있는 것이다." 라고 하였다.

행복한 삶을 누리기 위한 기초는 무엇인가? 이제 이것에 대해 살펴보자.

건강한 신체와 건전한 정신

인간은 태어나서 성장기를 거쳐 노화된 이후 죽게 된다. 생존하기 위해 소유욕, 출세욕(명예욕), 향락 욕구를 충족하려 분투하고 노력한다. 그러나 이들 욕구는 양날의 칼처럼 생존의 도구임과 동시에 신체적 · 정신적 손상을 끼치게 된다. 자기의 판단과 선택이 어설퍼 그것에 휘말리면 신체적으로 위궤양, 고혈압, 당뇨, 간경화, 뇌졸중이나 신경통, 루마티스 등의 질병에 시달릴 수 있으며, 정신적인 면에서는 불면증, 신경쇠약, 좌절감, 무력감, 공황장애, 우울증, 정신분열증 등으로 해서 죽지 못해 사는 신세가 될 수도 있다.

병마의 시달림을 예방하기 위한 "건강한 신체에 건전한 정신이 깃든다(A sound mind in a sound body)."는 경구가 있다. 일차적으로 건강을 유지할 때 정신 역시 건전해진다는 것이다(보건학).

심리학에서는 "건전한 정신에 건강한 신체가 있다." 고 말한다. 이는 정신적 태도는 신체에 거의 믿을 수 없을 만큼 큰 영향을 미친다는 의미다. 영국의 유명한 정신과 의사 J. A. 하드밀드는 그의 저서 『심리의 힘』에서 이러한 사실을 설명했다. '악력계(握力計)' 를 사용하여 암시가 악력에 미치는 영향을 보기 위하여 세 명의 남자를 실험했다. 각각 세 가지 다른 조건에서 세 명의 남자에게 그들에게 힘껏 악력계를 쥐게 한 것이다.

평상시 그들의 평균 악력은 101파운드(약 45.8kg)였다. 이들에게 최면을 걸어 '당신은 매우 약하다.' 고 암시를 제시한 다음, 재어 보았더니 겨우 29파운드(약 13kg)의 악력을 보였다. 이는 평균 악력의 3분의 1이하였다(3명 중 한 명은 우승 경력이 있는 권투선수였는데 최면을 걸고 '당신은 약하다.' 는 암시를 주자 '내 팔은 어린애의 팔처럼 작다.' 라고 말하였다). 이번에는 '당신은 강하다.' 는 암시를 준 이후에 측정한 결과 평균 악력이 142파운드(약 64.4kg)에 도달했다. 그들의 마음이 강하다는 적극적인 생각으로 충만하자 육체적 힘이 50%나 증가한 것이다. 이것이 우리 정신의 믿기 어려운 힘이다.

때때로 불만과 불안한 생각이 치밀어 오르면(이것은 누구나 피할 수 없는 일이지만) 마음의 카메라 초점을 잘 맞추어 나 자신을 다독거려야 한다. 불만이나 불평 및 불안의 원인은 외부에 기인하는 것이 아니라 그 문제에 대한 나의 생각에 문제가 있는 것이다.

생활에서 얻을 수 있는 마음의 평화와 기쁨은 우리가 어떤 위치에 있고 무엇을 갖고 있으며 우리가 누군가에 좌우되는 것이 아니라 우리의 정신적 태도 여하에 달려 있다고 보는 것이 현명하다.

제임스 알렌은 『생각하는 대로』에서 "사람이 타인과 사물에 대한 자신의 생각을 바꾸면 타인과 사물도 그에 대한 생각을 바꾸게 된다는 사실을 알게 될 것이다."라고 하였다. 자신을 지배하는, 즉 자신의 사고를 지배하는 일은 노력하면 가능할 수 있다는 신념을 가질 때, 자신을 행복의 대문에 한 걸음 들여 놓게 된다.

몸과 마음을 튼튼하게 하는 실제적으로 손쉬운 방법은 자신의 몸을 잘 돌보고, 잘 먹고, 적당한 운동을 하고 건강의 소중함을 잊지 않는 것이다. 정신적 불편함이 있을 때는 쫓기는 생활에서도 자기만의 시간을 갖기 위한 산책, 등산, 여행을 하면서 자기를 성찰하는 습관을 갖는 것이 현명하다. 나아가 자율적 습관이 어려우면 명상, 요가, 단전호흡 등의 도움도 필요하다.

행복을 키우는 긍정적 이기심

우리의 행동이 이기심에서 나오며, 우리는 자신의 행복을 위해 행동한다고 말하면 상당수의 사람은 불편하게 느낀다. 그리고 상대편을 폄하할 때 '이기주의자' 라는 표찰을 붙이면 상대방은 그 사람을 부정적으로 바라본다. 이기심이나 이기주의자를 부정적으로 바라보는 밑바탕에는 알게 모르게 '의무감이 곧 도덕적이라는 믿음' 이 깔려 있다.

독일의 철학자 임마누엘 칸트는 "어떤 행동이 도덕적 가치를 띠기 위해서는 그 행동이 의무감에서 비롯되어야 한다."고 말한다. 우리가 이기심에서 행동하면 도덕적인 행동이 될 수 없다는 것이다.

칸트처럼 자기 희생을 도덕적 기초라고 주장하는 대부분의 철학과 종교는, 우리가 이기적으로 행동하면 불가피하게 다른 사람에게 해를 끼치게 되고 이기적인 목적을 위해 다른 사람을 다치게 하고 무시하게 된다는 것이다.

우리는 어느 선까지 동물계를 지배하고 있는 '생존경쟁' 의 궤도에서 적자만이 생존한다는 저차원적 관념에 사로잡혀, 억압하는 자가 되느냐 억압당하는 자가 되느냐는 길 밖에는 다른 선택의 여지가 없다는 편견에서 자신은 망치가 되어야 하고, 동시에 얻어맞는 철판이 되지 않기 위해 노력한다. 그렇기 때문에 대인관계에서 자신의 이익과 목적을 위해서는 수단과 방법을 가리지 않으며, 상대방에 대한 배려나 양보는 '절대사절' 하는 몰지각한 인간이 되어 가는 줄도 모르는 사람이 많게 되는 것이다. 벌 또는 나비와 꽃, 개미와 진딧물 등은 '공존공생' 을 통해 서로 간에 생존하고 있다.

나의 의식주는 익명의 사람들에게서 공급받고 있으며, 또한 나 역시 그들의 생존에 기여하고 있다는 사실에, 우리는 경쟁보다 협조와 봉사정신으로 삶을 사는 것이 바로 행복을 누리는 것임을 알 수 있다. 이기심의 긍정적인 면은 우리가 다른 사람을 돕는 것과 우리 자신을 돕는 것 사이에서 선택할 필요가 없다는 사실이다. 그 두 가지는 배타적이지 않다. 철학자 캠프 월드 에미슨은 "'우리 자신을 돕지 않고는 실제로 다른 사람을 도울 수 없다.'는 것은 우리 삶에서 아름다운 조화다."고 말한 바 있다.

우리 자신을 돕고 다른 사람을 돕는 것은 서로 얽히고설켜 있다. 다른 사람을 더 많이 도울수록 우리는 더 행복해지고, 우리가 행복해질수록 다른 사람을 더 돕고 싶어 한다.

다른 사람을 행복하게 해 주는 일은 우리에게 의미와 즐거움을 주므로 그들을 돕는 것은 행복한 삶을 위해 필요하다. 물론 다른 사람을 돕는 것과 그들의 행복을 위해 사는 것은 다르다는 사실을 염두에 두어야 한다. 만약 우리의 행복을 우선적으로 돌보지 않는다면 우리 자신에게 상처를 주게 되고, 그것이 계속되면 다른 사람을 돕고 싶은 마음도 사라질 것이다. 불행한 사람은 자비를 베풀기 어렵고 그래서 더욱 불행해진다(탈벤-샤하르, 하버드 대학교 행복학 강의〈해피어〉, 2007).

행복을 위한 자원

삶의 자원을 잘 관리할 때 행복은 굳어진다.

행복을 위한 자원

영국의 철학자 데이비드 흄은 "사람이 하는 모든 노력의 궁극적인 목적은 행복을 달성하는 데 있다. 행복을 위해 기술을 발명하고, 학문을 육성하고, 법을 제정하고, 사회를 형성한다."라고 말한 바 있다.

부, 명예, 존경과 같은 목표는 모두 행복을 위한 것이다. 우리가 욕망하는 것은 모두 물질이든 사회적인 것이든, 행복이라는 목표를 달성하기 위한 수단에 불과하다. 그러나 많은 연구 결과에 따르면, 행복은 인생 전반에서 더 높은 수준의 성공으로 가는 수단이 된다고 주장한다.

심리학자인 소냐 류보머스키와 로라킹, 에드 디너는 "행복한 사람들은 결혼 생활, 우정, 수입, 성적, 건강을 포함한 다양한 영역에서 성공적인 삶을 살고 있다."고 하였다. 이 말은 사람이나 일에서 행복과 성공의 관계는 서로가 서로에 기여하는 상호 보완적인 관계임을 말하는 것이다.

다른 조건이 모두 같다고 가정했을 때, 행복한 사람은 대인관계가 더 원만하고, 일에서도 더 성공하고, 더 건강하며, 더 오래 산다. 따라서 행복은 그 자체로나 다른 목적을 위한 수단으로나 추구할 만한 가치가 충분히 있다.

행복을 실현하는 자원은 수 없이 많다. 이들을 쉽게 이해하기 위해 외적 자원과 내적 자원으로 나누어 살펴보자(카알 필터, 『행복론』, 2007).

행복의 외적 자원

외적 자원은 부(富), 사회적 지위(명예), 삶의 향락, 건강문화, 과학, 예술 등이고, 내적 자원은 양심, 덕, 이웃사랑, 종교, 위대한 사상과 사업 등에 종사하는 생활 등이다. 외적 자원은 그 모두가 누구든지 쉽게 손에 넣을 수 있는 것이 아니며, 이것은 인류 전체의 행복을 쌓아 올릴 수 없고, 그 위의 고상한 정신의 소유자에게도 양심의 부끄러움을 느끼게 하는, 향락 밖에는 아무것도 주지 못할 것이라는 점에서 매우 큰 결점을 가지고 있다.

그리스도가 "부자가 천국에 들어가는 것은 코끼리가 바늘구멍에 들어가는 것과 같다. 명예를 얻은 사람은 신앙의 길에 들어갈 수 없으며, 여러 사람의 존경을 받는 사람은 대부분 '하나님 앞에서는 미움을 산다.'"라고 설교한 사실도 그런 마음에서였다(차동엽, 『행복선언』, 2009).

부(富)

우리가 부를 축적하려는 강한 욕구는 원시시대에 인간이 수렵채취를 하면서 오랜 가뭄이나 한파를 견디고 살아남기 위한 중요한 수단이었다. 그러므로 부는 미래의 안정을 가져다 줌으로써 부정적인 감정을 감소시키고 긍정적인 감정을 유발한다.

기본적인 의식주와 교육 같은 욕구를 해결하려고 돈을 버는 것은 행복을 위해 반드시 필요하다. 부가 우리에게 주는 의미는 개인 노력의 대가와 능력의 증거가 된다. 따라서 돈을 버는 것은 사회적 지위와 같은 외적 요인보다 개인적 성장과 같은 내적 요인과 관련이 있다고 볼 수 있다.

돈을 벌면 시간과 자유를 버는 것이다. 벤자민 프랭클린은 "시간은 돈이다."라고 말했다. 여유가 있으면 기차보다 비행기로 왕래하며 자신에 중요한 일을 하거나 자신이 믿는 대의를 위해 일할 수 있게 된다. 또한 선의를 베푸는 방법은 여러 가지가 있지만 금전의 선행은 어느 다른 선행에 뒤지지 않는다.

부의 축적 가치는 과학의 발달로 더욱 확고하게 되었다. 병마에 시달린 사람에게 마법사의 묘약은 페니실린의 우수성에 자취를 감추게 되었고, 네모난 지구는 둥근 원형으로, 효자 토끼가 살 것이라는 이상향의 달은 암석 덩어리로 판명됨으로써 과학은 현대의 종교가 되었다. 과학 발달의 산물로써 물질이 무엇보다 중요하다는 믿음이 퍼져 측정할 수 없는 행복과 신성을 비물질로 취급하여 중요성의 순위는 더욱 낮은 단계로 내려가고 있다.

우리가 어떤 결정이나 판단을 내릴 때 감정보다 물질에 초점을 맞추는 이유는 측정이 가능해야 평가하기 쉽기 때문이다. 물질적 세계에서는 부자를 숭배한다. 마치 재산이 사람의 가치를 측정하는 것처럼 물질적 소유로 그 사람을 평가하는 것이다. 그러나 만약 부와 지위가 어떤 식으로든 행복에 기여하지 않는다면 우리는 그것을 추구할 이유가 없다. 행복을 인식하는 것은 물질을 거부하는 것이 아니라 단지 맨꼭대기에 있는 전자에서 그것을 끌어내려야 한다는 것이다. 사업에서 상품 가치가 돈으로 평가된다는 점에서 상품보다 돈이 우위에 있는 것과 마찬가지로, 우리 삶에서 행복은 부의 지위보다 우위에 있다.

일상생활에서는 돈을 버는 것도 중요하지만, 쓰는 것도 중요하다고 말한다. 부의 소유자는 공적인 이익을 위해서 그것을 관리하면서 부의 노예가 되지 않고 주인이 되도록 노력하지 않으면 안 된다. 자신의 부, 명예, 향락 등에 자신의 안정을 맡기려는 소유 중심의 삶은 아무리 많이 가져도 노예처럼 살게 된다. 그 이유는 가지면 가질수록 더 많이 가지려는 것이 인간의 욕망이기 때문이다.

부는 행복의 수단이란 점을 소홀히 하고 부의 축적에만 집착하면 수단을 목적(행복)과 혼동하고 부를 위해 목적(행복)을 희생하는 경우가 생기게 된다. 부의 축적은 언제나 수없이 많은 경쟁자와 싸우면서 그것을 지키고, 늘리고, 또한 다른 부자와 보조를 맞춰야 한다는 근심 속에서 살게 만든다. 그들은 친구가 자기를 좋아하는 것인지, 자기가 제공하는 돈이나 편의를 좋아하는지 의심하게 만든다.

부의 쟁취는 성공하든 실패하든 통한을 가지기 마련이다. 그러므로 만족을 느낀다든가 행복하게 되는 사람은 적다. 또한 부를 축적하면 그들은 직업을 가질 필요가 없다. 이 세상에서 가장 불행한 사람은 할 일이 없고, 따라서 일생을 마치면서도 아무런 성과를 얻지 못한 생활을 한 사람이라고 전제할 때, 아무런 일도 하지 않는 귀족적인 방탕자라든가 유한 부인(가능한 한 일을 하지 않은 부류의 예다)과 같은 패거리는 신체적 · 정신적 건강에 쫓겨 휴양지 사업자에게 상당한 도움을 준다.

사회적 지위

명예는 성공한 사람에게 씌워 주는 월계관이다. 통념상 개인이 사회적으로 높은 지위를 획득했을 때 사람들은 '그 사람 성공했군.'이라고 말한다. 그 이유는 인구에 비해 사회적으로 높은 지위는 그다지 많지 않기 때문이다.

높은 지위에 있는 사람의 행동 기준은 괴테의 청년 시절의 친구이자 나중에 러시아의 장군이 되었던 폰 클링거의 논문에 잘 반영되어 있다.

- 상위 지위자는 엄격하고 굳세고 공명정대한 길을 걸으면서 겁내지 말고, 또한 제 자신을 돌아보지 말고 오직 자신의 의무만을 다함으로써, 스스로 어떤 행위나 사욕에 의한 오점으로 더럽혀지지 않도록 깨끗한 마음을 지녀야 한다.
- 청렴결백한 처신을 하기 위해서는 명예욕과 권세욕을 떨쳐 버려야 한다.
- 사회가 자기의 의무를 요구할 경우에만 사회 무대에 서며, 그렇지 않는 경우는 은자로서 가족이나 소수의 친구와 어울리거나 아니면 독서나 자기만의 왕국에 산다.
- 자의적인 개혁적 의욕과 조짐에 대해서는 엄중히 경계한다. 나의 능력과 소질이 허락할 수 있는 한도 내에서 나의 성격과 정신을 발전시킨다.

만약 상위 지위자가 폰 클링거의 행동 기준으로 상위 지위를 유지하면서 정책 결정이나 업무 처리를 한다면, 그가 살아 있는 동안뿐만 아니라 죽은 이후에도 사람들에게서 사랑과 존경을 받게 될 것이다. 따라서 일반적으로 그 개인에게 지위를 부여하는 것은 그 개인이 속한 영역에서 성공한 사람이라고 할 수 있다.

사회적 명예

인간이 끊임없이 한 가지 목적을 향해서 집중하는 주의와 정력으로 성취할 수 있는 성과는 확실히 경탄해 마지않을 만큼 값어치가 있다. 그러나 성공만을 목표로 살아가고 있는 사람에게는 마음의 안정과 자신과 다른 사람에 대한 정신적 평화를 버리거나 그 밖의 여러 경우에 처음부터 자존심마저 단념하기 마련이다.

진정한 성공, 즉 인간으로서의 최고의 완성과 참으로 값어치 있는 활동에 도달하는 것은 지위를 수단으로 하여 명예를 얻고자 하는 외재적인 성공과는 차원이 다르다. 성공이 지위를 얻는 수단으로 생각하는 '야심'이라는 것은 일을 하면서 즐거움을 느끼고자 하는 것이 아니다. 단지 될 수만 있다면 빨리 형식적으로라도 성공을 거두고 싶은 것을 말한다. 야심이라는 것은 보통 순전히 물질적인 바탕 위에 구축된 짧은 인생이라는 관념과 결부된다. 따라서 그러한 인생관을 따른다면, 인간은 누구를 막론하고 최고로 우수한 종족만이 승리를 얻을 수 있는 무자비한 생존 경쟁이 평상시의 명령이라고 생각하여 모든 일을 조기에 처리하려고 할 것이다. 그렇기 때문에 차분한 마음으로 느낄 수 있는 일하는 즐거움 따위는 문제 밖의 일이 되고 만다.

상위 지위를 꿈꾸는 하위 지위에 있는 야심가는 상관에 대한 질투심을 갖게 된다. 그것은 모든 감정 중에서도 가장 처참한 것이어서, 자기 자신에게도 비참함을 느끼면서도 이를 거역하려 하므로 이루 말할 수 없는 고통을 지니게 된다. 또 그들이 만약 상위 지위를 하였다 하여도 뒤에 따라 오는 경쟁자에 대한 공포감으로 고통을 받게 된다. 그런 일을 대비해서 자기 계열과 조직을 만들어 자신의 안전을 기도하려고 하지만, 그 계열과 조직 중에 배신자가 나타나서 낙오 일보 직전에 있는 자신을 차 버릴지도 모른다는 것이다. 그래서 자기 계열과 조직에 대한 감시와 통제를 강화하기 마련이다. 상위 지위에 있는 사람들 중 그가 살아 있는 동안에도 존경심보다 비난과 미움을 받는 사람이 적지 않다.

쾌 락

쾌락은 짜릿하고 달콤하며 황홀한 무아지경이다. 그러므로 쾌락에 대한 선입견은 대부분 사람에게 호기심을 갖게 만든다. 그러나 그것은 건전한 삶의 '독약'이 될 수도 있다. 쾌락만을 추구한다면 정신이 황폐화되어 불안정하고 건강하지 못한 인간이 된다. 쾌락주의자가 일하는 것과 사랑하는 것, 이 두 가지를 버렸다는 것은 자살 이상의 비참한 지경에 이르는 것이다. 그들은 자기가 버린 것이 어떤 가치를 가지고 있는지 그 진가를 모르고 있다. 우리가 이 세상을 살아가는 데 일을 하지 않고 지속적인 쾌락만 취한다면 그것은 견딜 수 없는 고역일 것이다.

쾌락의 원천은 휴식에서 출발한다. 휴식은 심신을 적당히 질서 있게 활동하게 함으로써 필연적으로 요구되는 활동이며, 그런 활동에 즐거움이 중독되어 부정적인 방향으로 심화된 것이다.

휴식을 취하고 싶은 것은 본래 인간의 천성이다. 아무리 강한 사람일지라도 그런 욕구를 가지고 있으며, 또한 아무리 고결한 정신의 소유자라도 쉴 틈도 없이 노력하기를 원하지 않는다. 쾌락주의자는 '인생은 안락하게 살아가기 위해서 존재한다.' 고 생각한다. 그러므로 그들에게는 철학도, 종교도, 도덕도, 그 밖의 어떠한 것도 그를 진실된 생활로 이끌어 갈 수 없다. 그런 것 모두가 그들에게 아무런 감명도 줄 수 없다. 그래서 그들은 삶에 대한 사탄인 쾌락의 노예가 된다.

쾌락주의자도 자기 나름대로는, 그들이 소망하는 것을 행복의 수단으로 여기지만, 그것은 '환상' 이다. 쾌락 다음에 다가오는 것은 행복이 아니라 '정신 파탄자' 라는 단어가 될 것이다.

향락이 일상생활에 가장 좋은 것이라 하더라도 일을 할 때에 틈틈이 조금씩 쓸 만한 약과 같은 것이고 기분 전환 정도가 알맞은 것이지, 그것을 지나치게 쓴 사람은 결국 자기 자신을 기만해서 혼이 날 것인데 하물며 쾌락은 더 말할 나위가 없다.

짧은 인생 동안 관능적 쾌락만을 최대한으로 추구하려고 하는 이기적인 쾌락주의자는 이 세상에 가장 불쌍한 존재다.

행복의 내적 자원

양 심

행복의 내적 자원은 양심, 덕, 이웃사랑, 종교, 위대한 사상과 사업 등이라고 전술한 바 있다. 내적 자원은 누구나 쉽게 손에 넣을 수 있으며 자기 스스로 실행할 수 있으므로 인류 전체의 행복을 쌓아 올릴 수 있는 특성이 있다.

양심이라는 것은 인간의 보편성 · 공통성을 함유하고 있는 것이 아니라 그 문화의 영역 안에서 보편성 · 공통성을 함유하고 있다. 예를 들어, 일부다처주의의 회교도도 자기 나름의 양심을 가지고 있다. 그러나 한 남자가 5~6명의 여자를 거느린다는 것은 일부일처제에서 보면 양심의 가책을 받을만 하지만 그들에게서는 양심의 가책을 찾아볼 수 없다. 잔혹한 복수를 일삼는 알바니아인의 양심은 그들의 적을 죽이지 않을 때 양심의 가책을 느끼는 것이다. 기독교의 '적을 사랑하라.' '오른 뺨을 때리면 왼쪽 뺨도 대어 주라.'는 그 말을 실천한다는 것은 일반적으로 상통하지 않는 것이 우리의 현실이다. 그러므로 양심이라는 것이 결코 신뢰할 수 있는 인간의 표준만은 아니다.

그렇다면 부끄럽지 않은 양심이라는 것은 무엇인가? 문화를 관통할 수 있는 무언가가 있을까? 분명히 있다. 그것은 소극적 의미에서는 그 문화에 세뇌화 또는 내면화된 것이 아니라 순수한 인간 내 양심을 말하는 것이다. 반면 적극적인 면에서는 자기가 지각한 사실을 시인하도록 이끌어 가는 것으로 해석된다.

덕(德)

가까운 사람이 불행에 빠졌을 때 측은히 여겨 위로하고 도와주고 싶은 마음이 드는데, 그러한 마음을 덕이라고 하기도 하고, 그 마음을 드러내어 다른 사람에게 베풀어 주는 것을 덕이라고도 한다. 덕은 사람으로서 갖추어야 할 좋은 품성의 의미, 즉 인품 · 본성 · 은혜 · 행위 · 능력 등과 관련된 뜻이 있다.

우리의 생활에서 덕의 중요성을 되새기기 위해 '덕이 있는 사람은 외롭지 아니하다. 반드시 이웃이 있기 마련이다(德不孤必有隣).'라는 족자(簇子)를 들 수 있다. 결국 덕이란 사심과 사욕에 치우치지 않는 보편타당하고 공공(公共)한 것으로서, 사람이 갖추고 있는 좋은 성품을 뜻하는 것이요, 사람들에게 마땅히 베풀지 않으면 안 되는 것이라 할 수 있다. 유교는 여러 가지 덕 가운데서 근본적인 덕 혹은 덕목으로서 인(仁)·의(義)·예(禮)·지(知)·신(信)의 다섯 가지를 제시한다. 그러므로 덕은 당위성을 강조하는 추상적인 구호가 아니라 현실적으로 엄연히 존재하고 있는 것으로 인생을 보다 충실하게 하며, 만족시킬 수 있는 현실적인 힘이므로 행복한 삶의 변인이 된다(정진일, 『유교철학원론』, 문학바탕, 2005).

이웃사랑

산업이 날로 발전·분화됨에 따라 일차산업 사회에서 존속해 온 '품앗이'나 전통적인 '관(冠)·혼(婚)·상(喪)·제(祭)' 같은 협동·공동 작업이 사라지게 되고, 개인의 특기나 아이디어의 결과에 따른 경제적·사회적 이익 창출이 개인의 삶에 지대한 영향을 미치게 되었다. 그러므로 개인의 활동 영역 역시 정착보다 이동이 빈번하게 되었다. 그래서 우리의 의(衣)·식(食)·주(住) 형태에도 다양성이 깃들게 되었으며, 그 결과 시간과 장소에 따라 의·식·주의 부가가치의 격차가 심해졌다. 따라서 '먼 곳에 사는 친척보다 이웃사촌'이라는 의미는 희박하게 되었으며, 그것은 우리의 추억이거나 의미를 상실한 사어(死語)가 되어 가고 있다.

우리의 미풍양속인 '이웃사촌 · 사랑' 의 기저에는 인간애가 있고 순박한 인정이 있다. 가능하면 우리 각자의 마음에 간직하고 있는 순정을 실현해야 한다는 점에 공감한다면, 아무리 폐쇄된 거주지에 살더라도, 또한 시간에 쫓기는 일상생활을 할지라도 시간을 내어 여유를 가질 수 있다. 그러므로 이웃사랑도 우리 각자에 의해서 좌우할 수 있다는 것을 확신한다면 우리의 행복은 쉽게 실현될 수 있다.

종 교

우리가 정말 알고 싶은 것은 그 물질의 크고 작은 것이 문제가 아니라 그것이 어디서 왔고 어떻게 해서 그것이 생명을 얻었으며, 또 생명을 낳을 수 있는가 하는 것에 있다. 이에 대한 현재까지의 대답은 원자가 다만 운동을 해서 감각이 되고, 사상이나 의지가 된다는 것이다. 이처럼 모든 생존은 어떤 원형질에서, 또는 한 개의 원세포에서 자연 발생한 것이라고 설명하려고 한다면, 도대체 어느 누가 이 세포를 만들어 그것에 생명력과 발전력을 주었을까 하는 의문점이 여전히 남는다.

우리는 언제까지 살 수 있을지 모른다. 또한 언제 죽을지 모른다. 더구나 어디로 가게 될지도 모른다. 수명지수의 통계적 평균치가 있으나, 어디까지나 예언에 불가하므로 정확성이 희박하다. 어디로 갈 것인지는 종교에서 언급하는 '천당' '극락' '지옥' '하늘' 도 상상력에 의한 가설이지 실증된 것은 아니다. 그러나 살아 있는 형상은 작은 씨앗에서 생명을 발아하는 마술 같은 능력을 지녔음을 확인할 때, 세상에 있는 모든 형상이 보이지 않는 힘에 의해 창조되고, 유지되고, 파괴된다는 것을 이해하게 된다.

그러므로 우리는 초자연적 힘과 내재된 의도가 있다고 여기는 힘을 인정하거나 숭배할 수밖에 없다. 과학이 발달하기 전 사람들은 삶에서 일어난 일이 평안하고 즐거우면 우리는 그런 힘, 즉 신의 가호(加護)가 있었다고 여기고, 삶에서 일어나는 일이 불편하고 실망스러우면 신의 노여움이 있었기 때문이라고 말하곤 했다. 이에 따라 신에 대하여 숭배하는 의식이 만들어졌으며 기도와 예배가 생겨났다.

종교는 점점 우리의 믿음과 수행을 조직하고 형식화하는 도구로 발전했다. 원시적 숭배의 형태에서는 창조주(신)를 '다른' 어떤 것, 완전히 우리 외부에 있는 존재로 생각했다. 우리는 신을 숭배했고 두려워했다. 우리는 신이 좋아하는 행동이 있고 싫어하는 행동이 있으며, 그것에 따라 신의 가호(加護)를 받기도 하고 노여움을 살 수도 있다고 믿었다.

신의 위력과 위엄은 우리가 이해할 수 있는 경지를 넘어서 존재하는 모든 것에 깃들어 있음을 독특하게 인간의 의식만이 알 수 있고, 볼 수 있고, 느낄 수 있는 능력이다. 그러한 깨달음 안에는 신이 다른 존재가 아니라는 인식이 들어 있다.

우리는 절대적인 하나다. 절대적 하나 속에 모든 것이 있기 때문에 그 하나에서 분리된다는 것은 불가능하다. 가장 높은 영적 차원의 깨달음은 나의 영혼과 우주를 창조한 절대적 영혼이 하나라는 것이다. 그러나 깨달은 사람은 그것을 설명할 필요가 없고, 깨닫지 못한 사람은 그것을 이해하기 힘들다. 그래서 최초로 깨달음을 얻은 영혼은 설명할 수 없는 것을 이해할 능력이 없는 사람들에게 설명하려고 노력했다. 그것이 모든 종교의 근본적인 역설이자 모든 갈등과 불화의 근본이며, 종교가 야기한 고통이기도 하다.

종교적 믿음과 수행은 언제나 우리의 이해를 초월하려는 시도에서 비롯되었다. 주류 종교의 대부분은 하나 또는 그 이상을 깨달은 존재의 가르침을 위해 세워졌다. 그들은 언어를 뛰어넘는 것을 언어로 설명하고자 했고, 개념으로 묘사하고자 했으며, 사상으로 표현하고자 했다.

신에 대한 깨달음은 역시 각성자(覺聖者)의 개인차에 따라 달라지기 마련이다. 그래서 원래의 순수하고 통합된 가르침이 무엇이었는지 찾아가는 과정에서 다양한 분파가 생기게 되었다. 분파는 서로에게 혼란과 오해의 책임을 떠맡기고, 심지어는 '이단'이라고 부르며 서로 비난하게 되었다. 자기들만의 깨달음을 정당화하고자 함에 따라 종교성이 인간 역사 전체에 고통과 잔인함(십자군전쟁, 중동분쟁)을 퍼트리자, 이에 종교를 반대하는 운동이 일어나고 그 극단에는 견고한 무신론자들을 대거 양산하게 되었다. 종교적 신념의 부작용인 위선을 목격한 많은 사람은 신은 없으며, 유해하거나 무익한 힘이 틀림없다는 결론을 내리기도 했다.

하지만 신을 보는 것이 아니고 오히려 이 땅 위의 것, 인간의 일을 신의 눈으로 보고 이해하는 것이 분명히 우리 인생의 목적이다. 모두의 존재 및 생성의 근원으로서 신은 설명할 수도, 증명할 수도 없다. 오히려 우리는 먼저 신을 믿고 그다음에 몸소 경험하지 않으면 안 된다.

개인의 길흉화복(吉凶禍福)을 그 사람의 팔자(八字) 또는 운명(運命)으로 치부하지만, 엄격히 따져보면 우리의 능력으로는 불가사의(不可思議)한 것이므로 신(神)의 뜻에 의한 것으로 볼 수 있다.

우리는 삶이란 즐거움, 성취, 만족, 행복감, 소망 등의 긍정적 정서 상태로 연속된 것이 아니고, 때에 따라서는 불쾌, 실패, 불만, 불행감, 절망, 원망 등의 부정적 정서 상태가 교차되고 있음을 체험한다. 따라서 불행도 행복의 필요조건이 된다. 그것은 불행 그 자체에서 많은 이득이 있는 것은 아니지만 그로 인한 세 가지 원동력이 파생될 수 있기 때문이다.

첫째, 불행에서 탈출하기 위해 좋은 에너지가 산출될 가능성이 크다.

둘째, 인내력이 강화된다. 불행에 처하면 그것은 언젠가는 물러가며 정착하지 못한다는 확신에서 사람은 인내하게 된다.

셋째, 동정심이다. 어떤 개인이 불행에 처하게 되면 아무리 각박한 사회풍토라 해도 인지상정(人之常情)으로 구제의 손길이 있다는 것을 알게 된다.

영리하지 못한 사람이라도 훌륭하게 삶을 영위하기도 한다. 어떤 이들은 양심의 불안 없이 그들의 생존을 유지하는 데 기쁨을 느끼며 생활하기도 하고 인간에 대해서, 사건에 대해서, 초조해하거나 걱정하는 경우가 적다. 그들이 가지고 있는 평온함이나 안정감과 같은 감정은 그들의 종교에서 오기도 한다. 그들은 스스로 마음에 안정감을 가질 뿐만 아니라 다른 사람과도 평화롭게 사귀며 살아간다. 또한 '인생을 항상 고통으로 몰아넣는 노여움, 증오심, 질투심을 없애 주는 그 무엇은 무신(無神)보다 유신(有神)의 영향이 클 것'이라는 가정은 결코 공허한 비약만은 아니다.

위대한 사상과 사업

여기에 위대한 사상과 사업에 대해 언급하기 위해 한 소설에 나타난 주부의 사회활동에서 찾은 인생의 보람을 소개하고자 한다. 이로 인해 독자 스스로 위대한 사상과 사업의 의의를 파악할 수 있을 것이다. 소개할 소설은 하시라 스카코가 쓰고, 홍영의가 번역한 『행복 I』(1994)을 축약한 것이다.

아버지 오오키치(62세)와 어머니 세츠코(58세)의 장녀로 태어난 야요이(38세)는 병원에서 간호사로 근무한 적이 있었다. 그러나 1년 남짓해서 환자였던 노다 료와 알게 되어 결혼과 동시에 직장을 그만두었다. 그리고 곧 장녀 아카리가 태어나고, 장남 다케시가 태어났다. 남편 노다 료는 셀러리맨이었고, 둘째이기 때문에 분가하여 네 식구가 도쿄 근교에서 가족끼리 오붓하게 지내게 되었다.

야요이는 매일매일 집안일과 아이들을 키우느라 시간에 쫓기는 나날을 보냈다. 물론 스스로도 여자로 태어난 이상 그것이 당연하다고 생각하고 있었다. 그러나 요즈음 그녀는 그런 자기의 인생을 허무하게 느낄 때가 있었다. 외국에 유학간 막내 동생의 귀국으로 오랜만에 동생들과 얼굴을 마주한 후 집으로 돌아오는 길에서도 그녀는 이루 말할 수 없는 허무한 심정에 사로잡혀 있었다. 자기만 빼놓고 나머지 4형제가 자기의 장래 목표를 향해 나아가고 있는 것처럼 보였다. '남의 떡이 커 보인다지만……' 그렇게 생각하면서도 야요이는 한숨을 지었다.

주부의 일이라는 것은 어째서 아무리 많은 일을 해도 눈에 보이는 효과는 적은 것일까? 집의 현관을 들어서는 순간 야요이는 더욱 우울해졌다.

아무렇게나 벗어던진 신발, 2층에서 새어 나오는 록 음악, 그리고 부엌으로 들어가니 식탁에는 먹고 어질러 놓은 과자나 과일이 흩어져 있고 더러워진 접시나 컵도 그대로 놓여 있다. 아들 다케시가 카

펫 위에 주저앉아서 컴퓨터 게임에 열중하고 있었다.

"또 그런 것이나 보고 있니? 너 공부는 했어? 엄마가 밖에 나가기가 무섭게 게으름만 피우고 있니."

"오늘은 일요일이잖아요. 이 세상 전부가 쉰다고요."

"너 아직도 정신 못차렸어? 왜 네가 원하는 중학교에도 들어가지 못했는지 알고나 있어? 지금부터 분발하지 않으면 원하는 고등학교에도 들어가지 못한다고."

다케시는 야요이의 말을 듣는 둥 마는 둥 하였다. 그때 그곳에 딸 아카리가 어정어정 걸어와 얼굴을 내밀었다.

야요이가 걱정했던 대로 그날 밤 노다 집안에서는 대소동이 일어났다.

취직 자리를 구하려 나갔다 왔다고 하는 야요이의 말에 제일 먼저 남편이 눈을 부라렸다.

"당신은 도대체 무슨 생각을 하고 있는 거야?"

"간호사 자격증을 가지고 있으니까 어떤 큰 병원이라도 취직은 걱정 없대요. 하긴 15년 이상이나 공백이 있었으니까 재취직을 할 때는 연수를 받아야 될지도 모르지만."

"그래서, 정말 취직하겠다는 거야?"

"결혼이나 출산 때문에 그만뒀지만…… 아이들도 다 컸고…… 다시 취직을 희망하는 사람들도 제법 많대요. 어느 병원이나 할 것 없이 그런 사람을 기다리고 있대나 봐요. 의료도 발전했고 또 간호사

업무도 달라졌으니까 공부하지 않으면 도저히 감당해 낼 수 없겠지만 어떻게든 분발해서……."

"무슨 바보 같은 소릴 하고 있는 거야! 도대체 뭐가 마음에 안 들어서 취직하겠다는 거냐고, 내 월급만으로는 부족해? 도저히 먹고 살 수 없다는 거야? 아니면 사치라도 하고 싶은 거야?"

남편이 갑자기 열화처럼 화를 내기 시작했다. 야요이는 어안이 벙벙했다.

"그런 게 아니라고요."

"삶의 보람을 원한다거나 사회를 위해서 공헌하고 싶다거나 하는 그럴싸한 이유를 대겠지만 설마 농담이시겠지. 주부가 주부 일에도 만족하지 못하면서 밖으로 돌며 일하겠다고 하는 건 도대체 어디서 나오는 소리야! 난 허락할 수 없어, 절대로 허락할 수 없다고, 바보 같은 소리 작작 해 둬."

"전 무슨 일이 있어도 꼭 직장을 갖고 싶어요. 간호사 자격증을 취득하는 것도 보통 어려운 게 아니었다고요. 4년 동안이나 간호대학을 다녔었고 국가시험을 치르고…… 지금 써먹지 않으면 그때 한 고생은 평생 보상받지 못하고 물거품이 되어 버릴 거예요."

야요이도 필사적이었다.

"그건 전에도 서로 충분히 얘기했을 텐데. 결혼한 이상은 아내로서, 어머니로서의 역할이 더 중요하다고 말이야. 당신도 그렇게 말하고 결혼하지 않았나?"

"그때는 그랬지만 아카리도 다케시도 혼자서 뭐든지 할 수 있는 나이가 되었고, 당신도 집에는 잠만 자러 돌아올 뿐이니 그다지 손이 들 필요도 없고……."

그때까지 잠자코 부모가 주고받는 말을 듣고 있던 아카리가 엉겁결에 끼어들었다.

"엄마, 말도 되지 않아요. 우린 우리 일은 스스로 할 수 있다고 해도 청소나 식사 준비 같은 건 할 수 없으니까 말이에요. 엄마가 직장에 나가면 누가 그런 걸 해요?"

"하려고 하면 너희도 그 정도는 할 수 있어."

"우리한테 그걸 시킬 작정이에요? 그럴 순 없어. 그럼, 무엇 때문에 엄마가 있는 거야?"

아카리가 종알거리자 옆에서 다케시도,

"그래 맞아. 학교 갔다 와서 집에 아무도 없다면 엄마가 우리 집에 왜 있는지 이유를 모르겠는걸."

불만스런 듯이 입을 삐쭉 내밀었다.

"머리 좀 식혀야겠는데, 당신 항상 바쁘다 바쁘다 하면서 투덜거리는 주제에 도대체 밖에서 일하겠다는 그런 생각이 어디서 나오는지 알 수가 없어."

"집안일이라는 건 해도 해도 끝이 없는 거예요. 매일매일 같은 일뿐이고……."

"그래? 이제 당신은 집안일에 싫증이 났다는 거야? 아니면 도망이라도 치고 싶다는 건가?"

"그런 게 아니에요. 그저 집 안에만 처박혀 어물거리다가 나이만 먹는다고 생각하면……."

"아, 그러셔. 그렇게도 밖에 나가고 싶다면, 나가면 되잖아. 그 대신 이 집에서 아주 나가 버려. 집 안 일이랑 직장 일을 겸해서 할 수 있을 정도로 바깥일이 그렇게 만만한 건 아니라고. 가족에게 폐를 끼치는 그런 아내라면 집 안에 없어도 상관없어. 내가 하고 싶은 말은 그뿐이야."

남편은 난폭하게 발소리를 내면서 '꽝' 하고 큰 소리가 나게 문을 닫아 버렸다.

아카리도 다케시도 꽁무니를 뺐다. 야요이는 견뎌낼 재간이 없다는 생각으로 그 자리에 털썩 주저앉았다.

이튿날, 친정으로 상의하러 간 야요이는 뜻하지 않게 어머니의 맹렬한 반대에 부딪혔다.

"너, 조금은 너희 애들도 생각해야지. 넌 누가 뭐래도 애들 엄마야. 무책임한 행동은 할 수 없어, 그렇게 해서는 안 되는 거야. 알겠니?"

아버지도 야요이가 취직한다는 말을 탐탁하게 여기지 않았다.

"이 아빠도 네 기분은 안다. 삶의 보람을 갖고 싶다면 굳이 밖에 나가서 일하지 않아도 할 일은 얼마든지 있겠지. 교양으로 꽃꽂이나 서예 같은 거라도 배우면 되잖겠어."

야요이는 실망했다. 그러나 뭐라고 하든 버틸 수 있게 했던 것은 마침 친정에 와 있던 사츠키의 간절한 말이었다.

"언니, 언니는 자기 행복을 모르고 있는 거야. 난 쭉 집에서 아이들을 보살필 수 있고 시어머니에게 구박도 받지 않고 사는 그런 언니가 정말 부러웠어. 다 그런 거야. 모두 자신이 행복하다는 것을 깨닫지 못하는 거라구. 지금의 행복을 스스로 깨는 그런 짓만은 하지 말아 줘."

사츠키의 말이 옳을지도 모른다. 사람에겐 그 나름의 분수라는 것이 있는지도 모른다. 야요이는 취직을 일단 뒤로 미루기로 했다. 사츠키와 함께 친정집을 나와서 고우지마치로 향했다. 이대로 적십자 병원에 들러 채용해 준 것을 사퇴할 작정이었다. 고우지마치 역에서 사츠키와 헤어지고 혼자 병원으로 향했다.

인사과에서 담당자가 나타나기를 기다리고 있을 때였다. 바로 앞 복도로 긴급 환자가 실려갔다. 심상치 않은 환자의 모습에 야요이는 엉겁결에 그 복도로 뛰어 나오고 말았다. 환자는 어린 남자아이인데 뜨거운 목욕탕에 빠졌다고 한다. 담당 의사가 없는 모양인지 나이 어린 간호사들이 어찌할 바를 모르고 허둥지둥 뛰어다니고 있었다. 야요이는 남자아이 곁으로 급히 다가갔다. 이미 의식은 없고 얼굴에는 죽음의 그림자가 나타나고 있었다. 조금도 지체할 수 없는 상태였다. 야요이는 주저하지 않았다. 어안이 벙벙해 있는 간호사들을 거들떠보지도 않고 재빠른 동작으로 인공호흡을 시작했다. 그러자 남자아이의 얼굴에 순식간에 생기가 되돌아왔다. 간호사들이 야요이의 주위를 둘러싸고 제각기 감탄사를 연발했다. 핏기가 돌기 시작한 어린아이의 얼굴을 지켜보면서 야요이의 가슴이 뭉클해졌다. 그것은 보잘것없다고 생각해 왔던 자신도 누군가에게 도움이 될 수 있다고 하는 자신감과 생명을 구해 준 데 대한 감사의 말을 듣는 기쁨이었다. 그날 야요이는 담당자를 만나지 않았다.

그날 밤, 일단 잠자리에 들고 나서 야요이는 천천히 누운 몸을 일으켜 남편의 등을 쿡 질렀다.

"아직도 그런 소릴 하겠다는 거야?"

"아카리와 다케시는 아직 자고 있어요. 그렇게 큰 소리 내지 마세요."

"당신이 직장에 다니는 것은 분명히 반대했을 텐데. 다 알면서도 당신 멋대로 정해 놓고 와도 되는 거야?"

"저도 망설였어요. 거절할 생각으로 병원에 갔었어요. 하지만 병원에서 위급 환자를 우연히 보게 돼서…… 목욕탕에 빠졌던 어린 남자애였는데 제가 정신없이 인공호흡을 했어요. 그래서 살아난 걸요. 간호사도 역시 해볼 만한 가치가 있는 일이라고 생각했어요. 저도 아직 쓸모가 있다는 것도……."

"그래서 가정도 내팽개치고 간호사로 나서겠다는 거야?"

"그게 아니에요. 이제까지…… 제가 잘못 생각하고 있었던 게 있어요. 그걸 이제야 깨달았어요. 수험 공부를 방해하지 않겠다는 생각에 오랫동안 아카리나 다케시에게는 집안일은 하나도 거들게 하지 않았던 것…… 그저 공부만 하게 해 주고 싶다는 마음에서 엄하게 하지도 않고 응석받이로 길러 왔다는 거죠. 과잉보호도 분수가 있는 거예요. 이대로 제가 저 아이들에게 찰싹 달라붙어 있다가는 저 아이들을 망칠 수도 있다는 느낌이 들어요. 그래서 저도 일을 갖고 밖으로 나가는 것이……."

"여보!"

"저 아이들은 엄마를 자기네 수족 정도로밖에 생각지 않아요. 그런 게 슬프지 않아요, 당신은? 저도 좀 더 다른 방식으로 살아갈 수 있다는 것을 이해해 주세요. 턱으로 부리고 있는 엄마가 아무것도 해 줄 수 없게 된다면 자기네가 이 집에서 살아가기 위해서는 뭘 해야 되는지 조금은 생각하게 되겠죠. 그런 것도 생각할 기회를 주지 않는다면 가족이라는 것은 서로 도우면서 살아가는 것이라는 사실도 알지 못한 채 살아가게 될 거예요. 그래서……."

야요이는 말문이 막혔다.

"어쩔 수 없군."

툭 한 마디 내뱉듯이 남편이 중얼거렸다. 야요이는 얼굴을 번쩍 들었다.

"그저 들뜬 마음에서 하는 소리가 아닌 모양이군. 반대한다면 집을 나가서라도 일할 작정이겠지."

야요이의 얼굴이 기쁨으로 환해졌다. 야요이는 머리를 깊숙이 숙였다.

"고마워요. 정말 고마워요."

남편은 쓴웃음을 지었다.

"다만 집안일을 소홀히 해서는 곤란해. 주부가 직장을 가지려면 일과 가정이 양립할 수 있어야 하는 거야. 그 정도의 각오가 되어 있지 않으면 일을 가질 자격이 없다고. 그것만은 확실히 말해 두겠어."

그래도 남편은 몹시 거칠게 이불을 뒤집어 쓰며 등을 돌렸다. 야요이는 마음이 놓여 한숨을 내쉬었다.

이튿날 새벽, 야요이는 어둑어둑할 때 잠자리에서 일어났다. 남편과 아이들의 식사 준비를 해서 바로 먹을 수 있도록 가지런히 식탁에 놓았다. 첫 출근에 가슴이 두근거리면서 기운차게 집을 나섰다.

당장 곤혹스러운 것은 남편과 아이들이다. 지금까지는 커피를 타는 것에서부터 빵 굽는 일, 버터 바르는 것까지 야요이의 손을 거치지 않는 것이 없었기 때문이다. 아카리가 지긋지긋하다는 얼굴로 고개를 흔들었다.

"그러니까 반대했잖아요."

"당분간만 참아라. 우리 앞에서 큰소리쳤어도 엄마처럼 마음 편하게 지내 온 사람이 간호사 같은 힘든 일을 계속할 수는 없는 거야. 아빠가 반대했어도 스스로 하기를 원했잖니. 얼마나 힘이 드는지를 뼈에 사무치게 느껴 보지 않으면 모르는 거라고. 보나마나 작심삼일일 게 뻔하지."

남편은 자신만만하게 단언했다.

그런데 남편의 예상은 보기 좋게 빗나가고 말았다.

일주일이 지나도 2주일이 지나도 야요이는 힘들다는 소리 하나 하지 않았다. 그러기는커녕 자기 일은 스스로 하도록 아이들에게 엄하게 말하곤 했다. 야요이의 얼굴을 볼 때마다 아카리와 다케시는 불평을 늘어 놓았다.

"너무해요! 엉망진창이라고요. 먹을 것도 없고 말이야."

"없을 리가 없잖아. 쌀도 있고 냉장고에는 마른 반찬거리도, 고기도 있고 야채도 사 놨는걸."

야요이는 태연했다.

"날것이라서 먹을 수가 없잖아요."

"틀림없이 냄비도 있어. 프라이팬도 있고 가스 불도 있지."

"만들라는 거예요, 우리한테?"

아카리가 어이없다는 얼굴로 말했다.

"만들 사람이 없을 때는 스스로 하지 않으면 어쩔 수 없잖아. 너희가 먹을 거니까 말이야."

그렇게 말하며 야요이는 먹은 그릇을 쌓아 놓은 싱크대 쪽으로 눈을 돌렸다.

"여기 빨리 정리해. 언제까지 이렇게 내버려 둘 작정이니?"

두 아이는 항의했다. 그러나 야요이는 상대도 해 주지 않았다.

"너희가 먹었잖아. 너희가 먹어 놓고 그걸 치우지 않으면……."

"그럴 수 없어요. 이건 엄마 일이잖아."

"엄마, 엄마는 집안일도 빈틈없이 잘 한다는 약속을 하고 직장에 나갔잖아요."

"그렇게 말하긴 했어도 할 수 없는 건 할 수 없는 거야."

야요이는 엉겁결에 거칠게 소리를 질렀다. 그러나 곧 얼굴에 웃음을 띠우며,

"됐다. 됐어. 너희가 싫다면 내버려 두면 돼. 지저분해서 불쾌한 건 너희니까. 밥도 하지 않아도 좋아. 배가 고픈 것도 너희야. 너희가 아무것도 하지 않으면 집은 '엉망진창이 될 거고' 기다리고 있어 봤자 밥은 나오지 않으니까 굶어 죽을 수밖에."

아연실색하며 얼굴을 마주보는 두 아이를 남겨 두고 야요이는 훌쩍 모습을 감추어 버렸다. 자신이 직장에 나가는 것을 계기로 아이들에게도 자기 일은 자신이 스스로 할 수 있게 되기를 바라고 있었던 야요이였지만, 지금까지 응석받이로 자라 온 아이들을 갑자기 바꾸려고 한다는 것은 결국 무리였다. 의지하고 있는 남편의 협력을 얻을 수 없다면 더욱더 어렵다. 야요이는 한 집안의 주부가 직장에 나가면서 겪게 되는 어려움을 절실히 실감하고 있었다.

"난 분명히 당신이 직장에 나가는 것을 승낙했어. 승낙하긴 했지만 집안일은 소홀히 하지 않는다는 조건이었어. 설마 잊어버리지는

않았겠지."

일이 있을 때마다 남편은 야요이에게 불평을 늘어놓았다.

"그 누구도 당신한테 나가서 일하라고 부탁하지 않았어. 아무튼 오늘까지는 잠자코 봐 왔어. 참아도 왔고. 하지만 이제 그만하면 충분해."

남편이 고함을 지르면 아이들도

"직장에 나가고 있다고 해서 가족에게 이렇게 폐를 끼쳐도 되는 거예요?"

"엄마라는 직분을 잊어버렸어요?"

야요이에 대한 가족의 시선은 날이 갈수록 차가워져 갈 뿐이었다. 야요이의 결심은 걸핏하면 흔들렸다. 그러나 야요이는 직장을 계속 다녔고 드디어 첫 월급을 손에 쥘 수 있었다. 그날 밤 야요이는 들뜬 기분으로 집으로 돌아왔다.

"오늘은 모두에게 선물이 있어."

가족이 모두 모였을 때 야요이는 포장한 선물 꾸러미를 꺼냈다.

"이건 아빠 넥타이, 이것은 아카리하고 다케시의 머플러와 장갑이야."

모두가 의심스럽다는 얼굴로 꾸러미를 바라보았다. 야요이는 조금은 들뜬 목소리로 말했다.

"오늘 첫 월급이 나와서 이 엄마가 감사의 마음을 담아…… 엄마가 일해서 번 돈으로 산 거야."

그 말에 갑자기 남편이 일어났다. 꾸러미를 낚아채서 바닥에 내팽개쳤다.

"뭐가 월급이고 뭐가 스스로 일해서 번 돈이야. 가족을 실컷 골탕 먹이고…… 이따위 걸로 때울 수 있을 것 같아? 이런 걸로 얼버무리기라도 할 수 있다고 생각했어?"

야요이는 멍하니, 미친 듯이 화를 내고 있는 남편의 얼굴을 바라보았다.

"이게 도대체가 어디서 배워 먹은 거야. 남편이나 아이들도 변변히 돌보지 못하면서 생판 모르는 남을 돌보겠다고 나서더니 주제 파악 못하는 것도 유분수지. 그따위 억지가 통하리라고 생각했어? 월급을 많이 받는다면 이야기는 달라지겠지. 하지만 고작 쥐꼬리만한 월급 15만 엔 정도로 가족을 희생시키고 있다는 걸 알아야지. 밖에서 돌아오면 아무짝에도 쓸모없을 정도로 녹초가 되고 말이야. 그런 자신이 어리석다고 생각지 않아?"

"돈이 필요해서 일하고 있는 건 아니에요. 조금이라도 건강하게 움직일 수 있을 때 하고 싶은 일을 해 두고 싶은 거라고요. 지금 하지 않으면 후회할 거라고 생각했기 때문에……."

"그게 자기 멋대로라는 거예요."

아카리가 말참견을 했다.

"엄마는 말이야, 16년 동안이나 너나 다케시를 정성껏 키워 왔어. 그게 이 엄마의 일이었고 삶의 보람이기도 했어. 하지만 너희는 이제 뭐든지 스스로 할 수 있는 나이가 됐잖니. 엄마가 곁에서 돌봐주지 않아도 충분히 살아갈 수 있는 나이야."

"엄마!"

"한사코 직장을 계속 다니겠다고 한다면 이 집에서 나가야겠는데?"

"전, 이 집에서 나가야 할 만한 짓을 한 적이 없어요."

"아내나 엄마의 역할을 어엿하게 하지 못하는 그런 여자는 집에 둬 봤자 아무 소용이 없어."

"청소나 빨래나 부엌일을 하는 것만이 아내나 엄마가 해야 하는 일이 아니잖아요. 아내도 엄마도 하나의 인간으로서 살아갈 자격이 있다고 생각해요. 한 사람의 사회인으로서 열심히 살아가고 있어요. 그런 엄마의 모습을 보여 주는 것도 훌륭한 엄마의 일이라고 생각하고 있고요."

아카리가 한숨을 지었다.

"소용없어, 아빠. 엄마는 너무 고집이 세시거든."

"너희한테 이야기해 봤자 이해해 주지도 못하겠지만 간호사라고 하는 직업은 사실 중노동이야. 집 안에서 주부로서 일하는 편이 얼마나 편한지 몰라. 그런데도 그 일을 하고 싶은 이유는 아무리 의학이 발달해도 간호사가 없으면 환자는 살 수 없기 때문이야. 간호사를 의지하고 있는 거야. 병실로 뛰어들어 가면 환자들은 매달리는 것 같은 눈으로 이 엄마를 보는 걸. 치료를 해 주기도 하고 잠깐 이야기 상대가 되어 주기도 하면 환자의 얼굴이 환해지고 다시 건강해진단다. 그게 이 엄마에게는 무엇보다도 기뻐. 돈 때문이 아냐. 엄마의 삶의 보람이야. 간신히 찾아낸 삶의 보람이라고. 그래서 계속 다니고 싶어."

야요이는 진지했다. 아카리의 얼굴색이 약간 동요했다. 뭔가를 물으려는 듯이 아버지를 본다. 그러나 그는 시선을 돌렸다.

"그렇게 간호사 일이 마음에 든다면 혼자 나가서 멋대로 하면 되겠지. 우리는 간호사를 하숙시킬 마음은 없으니까 말이야."

"엄마, 엄마가 없으면 곤란해요. 아빠 말 듣고 우리랑 같이 있어 줘요."

자신도 모르게 다케시가 외쳤다.

"엄마가 집을 나갈 리 없잖아."

야요이는 아카리와 다케시를 미소진 얼굴로 바라보았다.

"엄마는 16년 동안이나 너희를 위해서 살아왔어. 이제부터는 엄마를 위해서 시간을 할애해도 되잖아."

그리고 다시 남편을 향해

"부탁해요. 여보."

진지하게 머리를 숙였다. 남편은 아무 말도 하지 않고 멍한 얼굴로 나가 버렸다.

"뭐야, 시시하게, 아빠는 오늘이야말로 가장의 위신으로 그만두게 하겠다고 아주 큰소리만 뻥뻥 치더니만 말이야. 역시 엄마한테는 못 당하는 거야."

"결국 아무것도 달라지지 않았잖아. 우스워."

아이들은 얼굴을 마주보며 낄낄거리고 웃기 시작했다. 야요이는 아이들의 그 웃음 속에서 희미한 희망의 빛을 느끼기 시작했다.

야요이가 자신감을 되찾은 것은 시어머니의 방문이 계기가 되었다. 시어머니는 오사카에서 남편의 형 가족과 함께 살고 있었다. 형 부부는 맞벌이를 하고 있기 때문에 시어머니가 며느리 대신으로 집안일 일체를 도맡아 하면서 두 손자를 돌보고 있다. 매우 바쁜 시어머니는 좀체 상경하는 일이 없었기 때문에 야요이나 아이들에게는 먼 존재였다. 그런 시어머니가 무슨 일인지 갑자기 상경하겠다고 연락을 해 왔던 것이다.

남편은 허둥대면서 시어머니가 방문하는 날만은 무슨 일이 있어도 직장을 쉬라고 야요이에게 눈을 부라리며 말했다. 야요이는 어찌할 바를 몰랐다.

시어머니는 내일 오후에 도착한다고 한다. 야요이는 그날 주간 근무였다. 2년 만의 시어머니의 방문이다. 야요이로서도 직장을 쉬고 마중하러 가고 싶은 마음은 간절했지만 이날의 상황으로 봐서는 누군가에게 당번을 교대할 여유가 없었다. 아무래도 직장 일을 제쳐 놓을 수는 없었다.

생각다 못해 야요이는 친정어머니에게 부탁하기로 했다. 취직할 때 집안일을 거들어 주러 온다고 했던 어머니에게 "쓸데없는 참견은 하지 말아요."라며 차갑게 거절한 주제에 지금에 와서 부탁한다는 것은 마음에 내키지 않았지만 그렇다고 고집부리고 있을 때도 아니었다. 친정어머니에게 시어머니의 접대를 맡기고 야요이는 여느 때와 마찬가로 병원에 출근했다.

그날 밤 남편은 서둘러 집에 돌아왔다. 큰 케이크 상자를 안고 있었다. 현관에서 남편은 구두를 벗어 던지고 황급히 부엌으로 달려 들어왔다.

"할머니 무사히 오셨니?"

아카리가 부엌 식탁 위에 접시를 가지런히 놓고 있었다. 시어머니가 부엌에서 얼굴을 내밀었다.

"어머니, 잘 오셨군요."

남편은 기쁜 얼굴로 웃었다.

"그런데 뭘 하고 계세요? 집에 오셔서까지 그런 일 하지 않아도 되잖습니까. 여보, 여보!"

남편은 큰 소리로 외쳤다.

"뭘 하고 있는 거야…… 도대체 네 엄마는 어디 있니?"

"아직 돌아오지 않았어요."

아카리가 대답했다. 남편은 눈썹을 추켜 올렸다.

"어디 갔는데?"

"병원 가신 거 모르세요?"

아카리의 말에 남편이 울컥해서 눈을 부라렸을 때 시어머니가 끼어 들었다.

"안사돈어른이 일부러 여기까지 와 주셔서 말이다. 아무튼 오랜만에 이것저것 이야기했구나. 저녁밥도 함께하자고 했지만."

"장모님이 오셨다니 도대체 무슨 소리지?"

남편이 저도 모르게 아카리를 향해서 고함을 치자 시어머니가 소리내어 웃었다.

"얘, 너는 생각대로구나. 그 말에 화부터 낼 거라고 하더니만, 네 장모님은 그런 널 보는 것이 싫다고 서둘러 돌아갔단다. 네, 그런 나쁜 버릇 때문에……."

남편이 입을 꾹 다물었다. 그러나 그때 야요이가 숨을 헐떡이면서 달려 들어왔다.

"다녀왔어요. 늦어져서…… 어머니, 오셨어요? 집에 없어서 죄송해요."

야요이가 시어머니에게 인사를 하자 남편은 불쾌한 얼굴로 말을 뱉었다.

"오늘은 어머니가 오실 때까지는 꼭 돌아오겠다고 약속했지 않나?"

"빨리 돌아올 수 없어서 대신 친정엄마가 오시기로 했는데……오시지 않았어?"

"그렇다고 넘어갈 문제가 아니잖아. 오랜만에 어머니가 오신다고 하는데 며느리가 집에 없었다니 도대체가 어떻게 된 거야. 불쌍하게도 어머니는 집에 오셔서까지 부엌일을 하셔야 되고…… 어쩔 속셈이야? 당신 뭐하는 여편네야?"

남편은 기세가 등등했다.

"그렇게 큰 소리 내지 않아도 다 들리는데……."

"오늘은 정말이지 정나미가 떨어져. 어머니보다 일이 소중하다면 내 아내 자격은 없어. 이 집에서 나가 버리라고. 지금 당장 나가!"

야요이는 머리를 푹 숙이고 입술을 깨물었다. 시어머니가 그들 사이를 쳐다보며 말했다.

"무슨 그런 바보 같은 소리를 하고 있는 게냐? 애들 엄마도 돌아왔잖니, 저녁이나 먹자꾸나."

시어머니가 그렇게 말했지만 남편은 아직 화가 풀리지 않은 모습이었다.

"오늘뿐만이 아니라구요. 집안일과 직장일 겸해서 잘하겠다고 약속해 놓고는 나도, 아이들도 죄다 내팽개치고……."

"네 아내가 바쁘면 너나 아이들이 자기 일은 자기가 알아서 하면 되잖니. 아카리도 다케시도 어린애가 아니고, 이제 뭐든지 자기 스스로 알아서 할 수 있는 나이야. 엄마한테 밥을 지어 바친다고 해서 뭐 이상할 것도 없고 말이지. 너도 그렇지, 나이깨나 먹어 놓고 그렇게 불평만 늘어놓지 말고 청소든 빨래든 조금씩 해 주면 어떠니. 여자가 할 수 있는 일을 남자가 할 수 없다는 법은 없잖아. 요리사도 주방장도 할 것 없이 모두 남자다. 남자가 부엌에 서 있다고 해서 뭐

하나 부끄러울 것도 없어."

뜻하지 않은 시어머니의 말에 남편은 순간 어리둥절했다.

"어머니, 아무것도 모르시면서 그런 말씀을……."

"네 장모님한테서 다 들었다. 딸이 멋대로 행동해서 미안하다고 사과하시더구나. 이 아이가 나쁜 짓도 잘못된 짓도 하고 있지 않는데도 말이다. 간호사, 그 얼마나 좋으니. 남을 돕는 훌륭한 일이야."

시어머니는 그렇게 말하고 야요이에게 따뜻한 눈길을 보냈다.

"넌 아이들을 똑똑하게 키웠어. 이제부터는 네가 아카리나 다케시에게 도움을 받을 차례야. 큰소리치면서 그 애들한테 거들게 하면 되는 거야."

"어머니!"

남편이 소리쳤다. 시어머니는 남편에게 돌아서며 눈살을 찌푸렸다.

"너도 그렇게 알고 있거라. 남편이 아내의 편이 되어 주지 않으면 어떻게 되겠니. 똑바로 해."

남편이 풀이 죽어 고개를 떨구었다.

야요이는 시어머니에 대한 감사의 마음으로 가슴이 뭉클했다. 말없이 시어머니의 얼굴을 바라보았다. 시어머니는 그런 야요이에게 한쪽 눈을 살며시 감아 보였다.

그날 한밤중에 시어머니의 방으로 들어간 야요이는 시어머니 앞에 두 손을 짚었다.

"오늘은 정말 고마웠어요. 감싸 주셔서……."

시어머니는 미소를 지으면서 고개를 가로저었다.

"별로 감싸 준 것도 없지. 네가 일을 갖고 싶은 그 마음, 나도 잘 안다. 난 네 형님 부부가 결혼했을 때부터 지금까지 쭉 집안일을 해 왔어. 그게 언제부턴가 당연시되어서 지금은 내가 해 주는 일 따위를 고맙게 생각해 주는 사람이 아무도 없다."

"……."

"굳이 고맙다는 말을 듣고 싶어서 해 온 것은 아니다. 그보다 그 애들한테 신세를 지고 있는 거지. 내 사지가 멀쩡할 때 조금이라도 그애들한테 도움이 될 수 있다면 그걸로 족하다고 생각해 온 거야. 하지만 모두가 잘난 체하는 얼굴로 당연한 것처럼 나를 혹사시키면서도 끝내는 불평이나 늘어놓는 걸 듣다 보면 아무리 나라도 화가 치밀어서……."

"어머니……."

"푸념을 늘어놓고 있는 게 아니다. 이제 와서 새삼스럽게 무슨 소리를 해도 소용은 없지만 가끔은 이런 일을 하다 보면 차라리 딴 데로 가서 일하는 편이 얼마나 좋을까 하는 생각도 들고…… 바보 같다는 생각이 드는구나. 네가 직장에 나가고 싶다는 그 심정은 정말이지 잘 안다."

시어머니는 주름진 얼굴에 온화한 미소를 띠우고 있었다. 야요이는 다정한 시어머니의 표정에 오히려 가슴이 뭉클했다.

“난 오사카에 있기 때문에 너희한테는 아무 도움도 주지 못하는구나. 하지만 집안일 같은 건 가족 모두가 서로 돕는 게 좋아. 해나갈 수 있는 거야. 나처럼 후회하지 않도록 큰맘 먹고 자기 일을 하도록 해.”

시어머니는 그렇게 야요이를 격려하며 쓴웃음을 지었다.

“가족을 위해 뼈빠지게 일했다고 해서 1엔짜리 한 푼 손에 들어오는 건 아니야. 내게 용돈 한 번 준 적도 없고…… 할머니는 연금이 나오니까 부자라고들 하는데 말이지. 손발을 움직일 수 없게 된다면 의탁을 해야 되니까 웃으면서 일하고 있지만…….”

“어머니, 저는 오사카에서 행복하신 줄로만 알았는데…….”

“그래, 행복했었지. 같이 살겠다고 며느리가 와 준 덕분에 손자하고 함께 살 수 있어서…… 모두 나를 행복한 사람이라고 말하곤 하지. 그런 내가 불평을 늘어놓으면 천벌을 받겠지. 다만 너를 이해한답시고 하지 않아도 될 소리를 했을 뿐이다. 네 남편한테는 비밀이야.”

시어머니는 익살스럽게 어깨를 으쓱해 보이고는 생긋 미소를 지었다.

“일주일 동안 여기서 신세지고 있는 동안에 아카리하고 다케시는 내가 단단히 가르쳐 놓고 가마. 내가 너한테 해 줄 수 있는 거라고는 그 정도뿐이구나.

시어머니는 야요이에게 약속한 대로 그날부터 일주일 동안 아카리와 다케시에게 집안일을 철저하게 가르쳤다.

집안일을 가르칠 때의 시어머니는 엄격한 선생님이었다. 두 아이가 불평을 늘어놓든 우는 소리를 하든, 시키는 대로 하기 전까지는 곁에서 떠나지 않고 감시했다. 처음에는 불평만 늘어놓았던 두 아이도 어느새인가 저녁밥을 자기 스스로 할 수 있게 되었다.

남편이 돌아오면 두 아이는 현관으로 뛰어나온다.

"기다리고 있었어요. 빨리 와 봐요. 오늘 저녁 반찬은 내가 만든 거예요."

두 아이는 제각기 만든 반찬을 자랑했다. 남편이

"맛있는데?"

하고 칭찬해 주면 기쁜 듯이 얼굴이 환해져서

"엄마 것도 남겨두자."

라고 즐거이 입을 모아서 말했다.

"대단하구나. 너희가 있으면 엄마는 없어도 되겠는걸."

남편이 기분 좋게 웃었다. 그러자 옆에서 시어머니가 끼어들었다.

"뒤처리는 아비 네 몫이다."

"네?"

남편은 눈이 휘둥그레졌다.

"그래요. 저희는 반찬을 만들었는걸요."

"또 내일은 아비 네가 목욕탕 청소를 해 줘야겠다. 그건 남자 일이니까.”

“우리도 유리창을 닦았는걸요.”

이렇게 해서 시어머니는 남편에게도 아이들에게도 기꺼이 집안 일을 돕는 것을 가르치고 의기양양하게 오사카로 돌아갔다. 야요이는 시어머니가 살고 있는 오사카를 향해 몇 번이고 손을 모으며 감사해했는지 모른다.

아주 약간씩이기는 했지만 가족의 협력을 얻을 수 있게 되어서 야요이의 직장 생활도 순조롭게 진행되는 것처럼 보였던 무렵의 일이다. 봄방학을 바로 눈 앞에 둔 3월 초, 야요이의 생일인 바로 그날, 노다 집안에 뜻하지 않은 사건이 일어났다. 다케시가 경찰서에 잡혀간 것이다.

다케시는 역시 아직 어린아이였다. 집에 돌아와 봤자 언제나 어머니는 집에 없고, 아무도 맞이해 주는 사람이 없다는 쓸쓸한 마음이 다케시를 나쁜 아이들과 어울리게 한 것이다. 그런 아이들끼리의 싸움에 가담해서 경찰서에 잡혀간 다케시는 야요이 앞에서,

“집에 돌아가 봤자 아무 소용 없으니까…….”

하고 중얼거렸다.

다케시의 말은 야요이를 깜짝 놀라게 했다. 지금까지 남편이 큰 소리를 쳐도 아카리나 다케시에게 불평을 들어도 어떻게든 버텨 왔던 신념이 깡그리 무너져 내리는 것 같았다. 이번만은 야요이도 직

장을 그만둘 결심을 하지 않을 수 없었다.

야요이는 남편과 함께 다케시를 경찰서에서 데리고 돌아오자 이야기할 기력도 잃은 채 침실로 들어갔다. 가방에서 카세트 테이프를 꺼내 테이프 리코더에 끼웠다.

'해피 버스데이 투 유!'

입원 환자한테서 받은 음성 메시지였다. 축하와 감사의 말을 들으면서, 야요이는 볼을 타고 흘러내리는 뜨거운 눈물을 닦았다. 마음을 고쳐먹고 아래층으로 내려가자 마침 전화벨이 울렸다. 친정어머니로부터였다.

"오늘 네 생일이라서 집으로 오라고 하려고 하는데…… 하지만 네 남편이 돌아왔다면 이 엄마가 걱정할 것도 없겠구나. 그럼, 가족끼리 즐겁게 보내렴. 얘야, 생일 축하한다."

다정한 어머니의 말에 다시 눈물이 북받쳤다. 야요이는 눈물을 억지로 참고,

"고마워요, 엄마."

그렇게만 말하고 수화기를 놓았다.

"무슨 일이야?"

다케시 때문에 경찰서까지 갔어야 했던 남편은 여느 때보다도 더 한층 불쾌한 얼굴을 하고 있었다.

"아무것도 아니에요."

"정말 이런 일로 회사에서 조퇴까지 해야 되다니…… 가정을 지

키는 주부가 가정을 내팽개치고 나가 있으니 남편이 하나에서 열까지 신경을 써야 되잖아. 더 이상 참을 수가 없어."

"저, 직장 그만두겠어요."

야요이가 조용하게 말하자 남편은 놀라서 야요이의 얼굴을 다시금 보았다.

"그러면 되는 거지?"

야요이는 다케시를 향해서 말했다. 다케시도 눈을 둥그렇게 떴다.

"나, 배고파. 저녁밥 좀 차려 줘."

"……."

"대답 정도는 하는 게 어때? 울고 싶은 건 이 엄마 쪽이라고."

바로 그때 현관 벨이 울렸다. 어쩔 수 없이 남편이 나갔다. 선물 꾸러미를 손에 들고 들어온 남편은 부엌에 있는 야요이에게 선물을 건네주었다. 의아스러운 얼굴이었다.

"당신한테 오사카에 계신 어머니가 보낸 거야."

야요이가 선물을 꺼냈다. 겉 포장지에는 '생일 축하한다. 며느리에게 시어머니가' 라고 씌어 있었다.

야요이의 손을 들여다보고 있던 남편이 놀라서,

"여보, 오늘이 당신 생일이었어?"

하고 말했다. 야요이는 시어머니의 글씨를 뚫어지게 바라보고 나서 선물 꾸러미를 가슴에 꼭 끌어안았다. 눈물샘이 터진 듯이 울기 시작했다. 남편과 다케시는 흐느껴 우는 야요이를 당황한 얼굴로 멍하니 바라보고 있었다.

야요이의 서른아홉 번째 생일은 비참한 하루가 되고 말았다. 가족 가운데 누구 한 사람 기억하고 있지 않는 야요이의 생일. 게다가 그날 야요이는 직장을 그만둘 결심을 했던 것이다.

직장을 그만둔 야요이는 다시 본연의 주부로 되돌아 왔다. 전과 마찬가지로 아침 일찍부터 밤 늦게까지 집안일을 하면서 아이들을 돌보았다. 아니, 허무한 마음을 달래기 위해 전보다 한층 더 열심히 일했다. 그래도 야요이의 기분은 밝아지지 않았다.

"엄마, 참 이상해. 매일같이 뾰로통해 있고 말이야."

아이들은 민감하다.

"난 그렇지 않은데……."

"그렇게 보이는걸요."

"너희가 멋대로 그렇게 생각하고 있는 거겠지. 이 엄마는 여느 때와 하나도 달라지지 않았어."

"아네요. 달라졌어요. 전혀 기운도 없고…… 웃는 얼굴도 본 적이 없어요. 엄마가 병원을 그만두고 나서부터는 다른 사람 같아요. 정말 이상해."

"어쩔 수 없다. 엄마도 사람인데 어쩌겠니."

그래도 아이들의 눈은 속일 수가 없는 모양이다. 야요이가 아무리 변명하려 해도 얼굴에 나타나는 근심 어린 빛은 감출 수 없었다.

그러던 어느 날, 다케시가 저녁 준비를 하고 있는 야요이 곁으로 다가왔다. 뭔가 이야기하고 싶은 듯이 우물쭈물하고 있었다.

"이 감자, 껍질 벗길 거야?"

다케시는 야요이의 손을 들여다보았다.

"……?"

"내가 할게."

"괜찮아."

"엄마, 나 요리 잘해요. 밥도 할 수 있게 되었는걸. 청소도 할 수 있어요. 그러니까 엄마, 간호사 일 계속해."

다케시가 당돌하게 말을 꺼냈다. 야요이는 놀라서 다케시의 얼굴을 보았다. 다케시가 감자에 손을 뻗쳤다. 재치있게 껍질을 벗기기 시작한다.

"나, 이제 다시는 엄마한테 걱정끼치지 않을 거예요. 이렇게 감자도 잘 깎을 수 있잖아. 걱정하지 말고 엄마 일하세요."

그날 저녁 식사가 끝난 후 아카리와 다케시가 뜻밖의 말을 꺼냈다. 남편은 아연실색해서 두 아이의 얼굴을 번갈아가며 보았다.

"무슨 바보 같은 소리를 하고 있는 거야. 엄마가 직장에 나가는 것을 반대했던 것은 바로 너희잖냐. 엄마가 간신히 반성하고 병원을 그만두어서 우리집도 보통 집으로 되돌아왔잖아. 그것을 또 깨뜨리는 그런 짓을……."

아카리가 아버지의 말을 가로막았다.

"엄마가 병원을 다니고 있을 때는 생기가 있고 밝고 상냥했었어요. 다시 한 번 그런 엄마의 모습을 보았으면 좋겠어."

"그래, 엄마는 간호사란 직업을 좋아하고 긍지를 가지고 계세요. 그게 좋다고 생각하고 있는 거야. 그러니까 계속 직장을 다니게 해 드리고 싶어요."

"괜찮지, 아빠?"

"아빠가 반대해도 2대 1로 결정된 걸, 괜찮지, 아빠?"

둘이서 번갈아 말하자 료는 부루퉁해서

"맘대로 해!"

하고 외면해 버렸다. 그러자 다케시가 아빠 곁으로 바싹 다가 앉았다.

"화내지 말라구요, 아빠…… 이제 내가 아빠가 좋아하는 요리 만들 수 있을 거야. 아빠, 비프카레 좋아하죠? 내게 맡겨요."

아버지는 아주 어이가 없어서 입을 다물었다. 야요이는 눈물을 글썽이며 아이들을 바라보았다.

침대 속으로 들어간 후 야요이는 남편에게 물었다.

"정말 계속 나가도 되는 거예요?"

"어쩔 수 없잖아. 내가 반대하면 아버지로서 나설 자리가 그나마도 없어지잖나."

"…… 미안해요."

야요이는 고분고분 머리를 숙였다. 남편은 쓴웃음을 지었다.

"어떻게 구워 삶았는지 모르지만 아카리도 다케시도 말하는 걸

보니 이제 어엿한 어른이야. 저 마음이 언제까지 계속될까…… 해 보는 것도 좋겠지."

"저 애들이 저런 식으로 이해해 주다니, 꿈에도 생각 못했어요. 하지만 둘 다 제법 어엿하게 자라줘서 정말 안심했어요. 그게 무엇보다 기뻐요. 큰맘 먹고 일했던 보람이 있어요."

밝아진 야요이에 비해 남편 료는 아직 믿을 수 없다는 얼굴이다.

"어디까지가 진짠지 알 수가 없군."

"난 믿어요, 믿고 싶어요."

"……."

"괴로울 때도 있었어요. 몇 번이고 그만둘까 하고 생각했는지 몰라요. ……그렇지만 내가 일하러 나가지 않았다면 저 애들에 대해서도 몰랐을 거예요. 저 애들도 나에 대해서도 자기 자신에 대해서도 몰랐을 거예요. 우리, 뭔가를 하나 타고 넘은 거예요. 우리 식구가 함께 타고 넘을 수 있었던 거예요. 그것이 아주 중요한 거라 생각해요. 나 혼자가 아니라 아카리나 다케시와 함께 괴로워하고 화를 내고 서로가 머리를 부딪치면서 함께 하나의 커다란 계단을 올라간 거예요. 그게 기쁘지 않아요?"

정신없이 말하고 있던 야요이는 문득 입을 다물었다. 남편의 코 고는 소리를 들었기 때문이다. 옆을 보니 남편은 벌써 깊은 잠에 빠져 있었다. 입을 벌린 채 자는 남편의 얼굴을 보고 야요이는 한숨을 쉬었다. 오랫동안 함께 살다 보면 부부란 이렇게도 서로에게 무관심하게 되는 것일까? 직장으로 돌아갈 수 있게 된 기쁨과는 반대로 야요이의 가슴은 아직 만족하지 못한 생각이 소용돌이치고 있었다.

참된 행복의 터전

행복의 토양은 부부의 금실이 우선이다.

참된 행복의 터전

인간은 생활하면서 지나온 과거를 되돌아보고 현대 상황을 점검하고 미래의 희망을 실현하고자 자기 나름의 생활관과 인생관을 갖게 된다. 이론적으로 네 가지, 즉 쾌락주의, 성취주의, 허무주의, 행복주의의 성향으로 인생관에 대해 이야기해 보자. 그 정도야 다르겠지만 실제로는 대부분의 사람이 이 네 가지 성향을 모두 갖고 있다. 따라서 그들의 두드러진 특징을 강조하면서 하나씩 살펴보자.

쾌락주의

쾌락주의자는 즐거움을 추구하고 고통을 피한다. 욕구를 충족하는 데 급급하며 미래에 다가올 결과에 대해서는 거의 또는 전혀 고려하지 않는다. 행복한 삶을 즐거운 경험의 연속이라고 믿으며, 당장 또 다른 욕망이 생길 때까지는 지금 하고 있는 행동을 그만두지 않는다. 열정적으로 우정과 사랑을 시작하지만 신선함이 사라지면 곧바로 다음 관계로 옮겨 간다.

쾌락주의자는 오로지 현재에 초점을 맞추므로 즉각적인 만족을 얻을 수 있으면 나중에 피해 보는 행동도 서슴지 않는다. 쾌락을 위해 마약을 탐락(耽樂)할 수도 있다. 일이 어렵게 느껴지면 그것을 피하기도 한다.

그는 노력과 고통, 그리고 쾌락과 행복을 동일하게 여긴다. 이러한 착각의 위험은 〈환상특급〉이라는 텔레비전 프로그램의 에피소드에서 엿볼 수 있다.

어느 범죄자가 경찰에 쫓기다 죽음을 당하는데, 죽은 뒤에 어떤 소원이든 들어주겠다는 천사를 만난다. 그 남자는 평생 죄를 많이 지은 자신이 천국에 왔다는 사실이 믿어지지 않는다.

그래서 처음에는 어리둥절해하지만 곧 자신이 운이 좋다고 생각하고 소원을 말하기 시작한다. 먼저 펑펑 쓸 수 있는 돈을 원하자 엄청난 돈이 쏟아진다. 먹고 싶은 음식을 달라고 하자 당장 맛있는 음식이 차려진다. 아름다운 여인들을 원하자 바로 미인들이 나타난다. 남자는 너무 기분이 좋아서 사후의 삶이 더 이상 좋을 수 없을 것만 같다.

그러나 시간이 흐르면서 계속 탐닉해서 얻은 쾌락은 줄어들기 시작한다. 노력하지 않아도 되는 삶은 점점 지루해진다. 결국 남자가 일하게 해달라고 하자, 천사는 "이곳에서 원하는 것은 무엇이든지 얻을 수 있지만 일을 해서 얻을 수는 없다."고 말한다.

남자는 아무것도 할 일이 없는 삶이 점점 무료하게 느껴진다. 마침내 그는 천사에게 '다른 곳'에 가고 싶다고 말하기에 이른다. 그는 자신이 천국에 있다고 생각하고 차라리 지옥으로 보내달라고 요구한다. 그러자 카메라가 점점 사악하고 무시무시하게 변하는 천사의 얼굴을 가까이 비춘다. 악마로 변한 천사는 불길하게 웃으면서 말한다.

"여기가 바로 지옥이다."

쾌락주의자가 천국이라 착각한 그곳은 지옥이었다. 장기적인 목적이 없고 아무 도전이 없는 삶은 더는 의미가 없다. 단지 즐거움을 추구하고 고통을 피하는 것으로 행복해질 수 없다. 쾌락주의자는 노력을 고통과 동일시하고 무위도식을 즐거움과 동일시한다.

최고의 수행과 최상의 경험을 연구하는 미하이 칙센트미하이는 최고의 순간에 대해 이렇게 말한다.

"최고의 순간은, 보통 힘들고 가치 있는 뭔가를 달성하기 위해 자발적으로 노력하면서 몸과 마음이 최고의 기량을 발휘할 때 나타난다."

투쟁이 없는 쾌락주의는 행복을 위한 처방이 아니다. 미국 보건복지부 장관을 역임한 존 가드너는 "우리는 계곡에 있을 때나 정상에 있을 때나 편히 쉬는 게 아니라 더 높이 올라가려고 한다."고 지적하였다.

우리는 음주와 마약에 빠지고 순전히 즐기려고만 하는 사람들을 만날 수 있다. 그들은 일을 그만두고, 일광욕을 하고 무위도식을 즐기면서 미래를 생각하지 않고 시간을 보낸다. 한동안 그는 자신이 행복하다고 믿는다. 그러나 얼마 안 가 자신이 불행하다고 느끼게 된다. 쾌락주의자가 어떤 관계를 시작하고 평가하는 기준은 주로 그 관계에서 주는 성취감이 얼마나 큰 즐거움을 주는지에 달려 있다. 쾌락을 행복으로 착각하고 성욕을 사랑으로 착각하는 것이다. 그러나 그가 추구하는 즐거움은 결국 줄어들 수밖에 없다.

성취주의

성취주의자는 현재보다 미래를 중요하게 여기고 미래의 이익을 위해 현재를 희생한다. 예를 들어, 어떤 A라는 사람은 어린 시절에 미래를 걱정하지 않고 하루하루를 경이롭고 흥미로운 경험을 했다. 하지만 여섯 살이 되어 학교에 입학하면서 성취주의자의 삶을 살기 시작한다.

부모와 교사는 그에게 학교 다니는 목적은 좋은 성적을 받아서 미래를 보장받는 것이라는 이야기를 귀에 못이 박히도록 말한다. 학교생활이나 배움이 즐거울 수 있고 즐거워야 한다는 이야기는 듣지 못한다. 그래서 A는 교사의 말을 한 마디도 놓치지 않고 열심히 들으며 공부하지만, 시험을 망칠까봐 늘 불안하고 걱정스럽다. 그저 수업시간이 끝나기만을 기다리고 하루가 끝나기만을 기다린다. 방학이 되면 공부와 성적에서 해방될 거라는 생각으로 하루하루를 버티고 있을 뿐이다(개인에 따라서는 방학이 없는 것이 현실이다).

A는 '성적이 성공의 척도'라는 성인의 가치를 자기 것으로 받아들이고 어쩔 수 없이 하기 싫은 공부를 열심히 한다. 그가 공부를 잘하면 부모와 교사는 칭찬하지만 똑같이 교육받은 학교 친구는 그를 시기한다.

'고통이 없으면 얻는 것이 없다.'는 성공 공식을 충분히 체득한 A는 고등학교에 입학하자 미래의 행복을 위해 현재의 즐거움을 희생한다. 그는 좋아하지 않는 학과 공부나 과외활동을 충실하게 따라간다. 오로지 성적을 올려야 한다는 일념으로 참고 견디면서 대학에만 들어가면 그때부터 삶을 즐길 수 있다고 자신을 타이른다.

드디어 A는 원하던 대학에 입학한다. 그는 입학허가서를 받아들고 기쁨과 안도의 눈물을 흘린다. 이제 마침내 행복해질 거라고 생각한다. 하지만 안도감은 금방 사라진다. 몇 달도 안 지나서 A는 오랫동안 느꼈던 불안감에 다시금 사로잡힌다. 대학에서 최고의 학생들과 경쟁하면서 뒤떨어질까 봐 두려워한다. 만일 그들과의 경쟁에서 진다면 원하는 직장에 못 들어가기 때문이다.

결국 성취주의자의 삶은 계속된다. 그는 4년 동안 근사한 이력서를 만들려고 노력한다. 대학 동아리에 가담하여 그 동아리의 회장이 되고, 노숙자 쉼터에서 자원봉사를 하고, 대학 대표선수로 활약한다. 그리고 흥미 있는 과목이 아니라 성적이 잘 나올 수 있는 과목을 신중하게 선택해 등록한다.

A는 졸업 이후 어느 유명회사에서 일자리를 제의받는다. 그는 그 제의를 기쁘게 받아들인다. 이제는 인생을 즐길 수 있게 되었다고 생각한다. 하지만 얼마 안 가, 하루 여덟 시간 근무가 즐겁지 않다는 것을 알게 된다. 그는 정착하고 인정받을 때까지는 희생해야 한다며 다시 자신을 타이른다. 이따금 월급이 오르거나 보너스를 두둑이 받거나 진급하거나 사람들이 그의 지위를 부러워하면, 기분이 좋아진다. 하지만 성취감은 얼마 안 가 사라지고 다시 단조롭고 고된 일상으로 돌아간다.

A는 대학에서 우수한 학생이었고 지금은 유명회사의 파트너다. 부촌에 자리 잡은 저택에서 사랑하는 가족과 함께 남부럽지 않게

살고 있다. 고급 승용차를 타고 다니며, 충분히 쓰고도 남을 만큼 돈을 번다. 하지만 불행하다.

A는 자신의 아이들에게도 무슨 말을 해 주어야 할지 모른다. 학교에서 열심히 공부하지 말라고? 좋은 대학에 들어가지 말라고? 성공은 불행과 동의어라고? 그는 불행한 성취주의자다. 그는 미래의 목표를 추구하는 것으로는 행복을 얻을 수 없다는 결론을 내리고 현재에 초점을 맞추어 즐거움을 쉽게 즐길 수 있는 음주와 마약에 말려들게 되었다. 하지만 많은 직장인이 하루 여덟 시간을 일터에서 열심히, 그리고 즐겁게 일한다는 사실에 주목해야 한다. 열심히 노력해서 성공하는 것은 성취주의자가 되는 것과 동의어가 아니다. 오랜 시간 학업이나 직업에 열중하면서 동시에 행복한 사람들이 있다.

성취주의자가 그들과 다른 점은, 자신이 하는 일을 즐기지 못하며 어떤 목적지에 도달하게 되면 비로소 행복해질 거라고 믿는 데 있다.

우리는 일단 목적지에 도착하고 목표를 달성하면 행복하게 될 거라고 기대한다. 그리고 안도감을 행복으로 착각한다. 물론 안도감도 가치 있고 즐겁고 현실적인 경험이지만 행복과는 다르다. 안도감은 스트레스나 불안이 없는 상태인 부정적 행복이라고 할 수 있다. 기본적으로 안도감은 불쾌한 경험을 전제로 하므로 지속적인 행복이 될 수 없다.

머리가 깨질 듯한 두통이 사라지면 고통에서 벗어난 것이 다행스러울 것이다. 하지만 그 '행복'은 고통 뒤에 오는, 부정적인 경험에서 벗어난 상태에 불과하다. 안도감 역시 일시적이다. 두통이 사라지면 고통의 부재에서 안도감을 느끼지만 그것도 잠시, 어느새 육체의 편안함에 적응하면서 당연하게 받아들인다. 안도감과 행복을 혼동하는 성취주의자는 계속해서 목표를 쫓는다. 목표를 달성하면 행복해질 수 있다고 착각하기 때문이다.

허무주의

허무주의자는 행복을 단념하고 삶에 아무런 의미가 없다고 믿으며 체념한 사람이다. 성취주의자가 미래를 위해 사는 사람이고 쾌락주의자가 현재를 위해 사는 사람이라면, 허무주의자는 과거에서 사는 사람이다. 현재의 불행에 대해 체념하고 미래에도 불행하게 살 수밖에 없다고 생각하는 사람은 과거의 실패에 발목이 잡혀서 행복할 수 없다.

미국 심리학자 마틴 셀리그먼은 이렇게 과거의 실패에 사로잡힌 상태를 '학습된 무기력'이라고 표현했다. 셀리그먼은 개를 세 그룹으로 나눠서 실험했다. 첫 번째 그룹의 개에게는 전기 자극을 주되,

배전반을 누르면 전기 자극을 멈출 수 있도록 했다. 두 번째 그룹의 개에게는 어떤 방법으로도 전기 자극을 멈출 수 없도록 했다. 세 번째 그룹의 개에게는 아무런 전기 자극을 주지 않고 대조군으로 남겨두었다.

그다음에 개를 모두 상자에 넣고 전기 자극을 주되, 나지막한 장애물을 뛰어 넘으면 탈출할 수 있도록 해 놓았다. 그러자 전기 자극을 멈출 수 있었던 첫 번째 그룹의 개와 아무런 전기 자극을 받지 않았던 세 번째 그룹의 개는 재빨리 장애물을 뛰어 넘어서 탈출했다. 하지만 전기 자극을 멈출 수 없었던 두 번째 그룹의 개는 아예 탈출하려고 노력조차 하지 않고 그대로 상자 안에 엎드려서 깨갱거리기만 했다. 그 개는 무기력해지도록 학습된 것이다.

셀리그먼은 다시 사람을 대상으로 이와 유사한 실험을 했다. 사람에게 시끄럽고 불쾌한 소음을 들려주되, 첫 번째 그룹은 소음을 통제하고 멈출 수 있도록 했지만 두 번째 그룹은 아무런 방법도 사용할 수 없도록 했다. 그런 후에 두 그룹 모두에게 시끄러운 소리를 들려주고 소음을 끌 수 있도록 해 두었지만, 두 번째 그룹의 사람은 소음을 끄려는 노력조차 하지 않았다. 그들은 체념한 채 그대로 소음을 참고 견뎠다.

셀리그먼의 연구 결과는 우리가 얼마나 쉽게 무기력을 학습할 수 있는지 보여 준다. 우리는 때때로 어떤 시도를 했다가 원하는 결과를 얻지 못하면, 그 경험으로 우리 삶이나 어느 특정한 부분을 통제할 수 없다는 생각을 하게 된다. 그러한 생각이 자포자기로 이어진다. 결국 쾌락주의자가 되든 성취주의자가 되든 불행해질 가능성이 크며 그들은 다른 선택의 여지가 없다고 생각하면 자포자기한 심정으로 허무주의자가 되기 마련이다.

허무주의자는 그의 아이까지 '조용한 절망'의 삶을 살기를 원하지는 않을 것이다. 하지만 그는 그의 자녀를 어떻게 가르쳐야 하는지 모른다. 목표를 달성하기 위해 현재를 희생하라고 가르칠 것인가? 성취주의자의 불행을 알면서 그럴 수는 없다. 그러면 오늘을 위해서 살라고 가르칠 것인가? 그럴 수도 없다. 쾌락주의자의 삶이 얼마나 공허한지 잘 알기 때문이다. 허무주의자가 결혼하는 이유는 결혼하는 것이 '적절'하기 때문이거나 친구가 모두 결혼하기 때문이다. 그는 관계에서 많은 것을 기대하지 않고 또한 얻지도 못하면서 무료하게 겉도는 불행한 삶을 산다.

쾌락주의자, 성취주의자, 허무주의자는 저마다 다른 오류를 범하고 있다. 그들은 현실과 행복의 진정한 본질, 그리고 충만한 삶을 살기 위해서 무엇이 필요한지에 대해 잘못 이해하고 있다.

쾌락주의자는 미래의 목적과 동떨어진 순간적 즐거움을 지속적으로 경험하면 행복을 유지할 수 있을 거라는 착각에 빠져 있다. 성취주의자는 어떤 가치를 지닌 도착 지점에 도달하면 행복을 유지할 수 있을 거라고 착각한다. 허무주의자 역시 아무리 노력해도 행복해질 수 없다는 그릇된 믿음 때문에 쾌락주의와 성취주의가 아닌 제3의 길이 있다는 것을 보지 못한다.

행복주의

행복주의자는 "지금 행복해질 것인가, 아니면 미래에 행복해질 것인가?" 라고 묻지 않고, "어떻게 하면 현재와 미래 모두 행복해질 수 있는가?" 라고 묻는다.

현재의 이익과 미래의 이익은 서로 충돌하기도 해서 어떤 상황에서는 둘 중 하나를 포기해야 할 때도 있지만, 대부분 두 가지를 모두 얻을 수 있다. 예를 들어, 배움을 진정으로 사랑하는 학생은 새로운 아이디어를 발견하는 즐거움에서 현재의 이익을 얻고, 그러한 아이디어를 경력을 위해 활용하면서 미래의 이익을 얻을 수 있다. 또한 연인 관계의 두 사람이라면 둘이서 함께하는 시간을 즐기면서 서로 성장하고 발전하도록 도와줄 수 있다. 학생이라면 자신이 미래에 하고 싶은 일, 즉 사업이든 의학이든 예술이든 그 과정을 즐기면서 동시에 성공을 향해 나갈 수 있다.

하지만 우리가 언제나 행복하기만을 기대한다면 실패하거나 실망할 수밖에 없다. 우리가 하는 일마다 현재와 미래의 이익을 가져

다주는 것은 아니기 때문이다. 때로는 미래의 더 큰 이익을 위해 현재의 이익을 보류해야 하고 매일 하기 싫은 일도 어쩔 수 없이 해야 한다.

미래를 위해 공부하거나 저축하고 오랜 시간 일하는 것은 당장은 즐겁지 않아도 장기적인 행복을 위해 도움이 될 수 있다. 그 요령은 미래의 더 큰 이익을 위해 현재의 이익을 포기할지라도, 현재의 이익과 미래의 이익을 둘 다 줄 수 있는 활동에 최대한 많은 시간을 투자하는 것이다.

휴식의 일환으로 쾌락주의자로 사는 것도 나름대로 이익이 된다. 예를 들어, 마약 복용처럼 장기적으로 치명적인 부정적 결과를 가져오는 일이 아니라면, 미래를 생각하지 않고 현재에 집중하는 시간은 원기를 회복해 주기도 하기 때문이다. 가끔 등산이나 해변을 거닐거나 패스트푸드 햄버거에 아이스크림을 먹거나, 텔레비전을 보며 휴식을 취하는 것처럼 아무 생각 없이 즐기는 시간이 우리를 좀 더 행복하게 해 준다.

쾌락주의자는 순간의 노예로 살고 성취주의자는 미래의 노예로 살고 허무주의자는 과거의 노예로 산다. 지속적인 행복을 얻으려면 원하는 목적지를 향해 가는 여행을 즐길 수 있어야 한다. 행복은 산의 정상에 도달하는 것도 아니고 산 주위를 목적 없이 배회하는 것도 아니다. 행복

이란 산의 정상을 향해 올라가는 과정이다. 바꾸어 말하면 행복주의자는 현재의 즐거움과 동시에 미래의 의미를 추구하면서 그날그날을 충실히 사는 사람이다.

행복을 지키는 것

자기의 행복은 자기가 지켜야 한다.

행복을 지키는 것

민주주의 정신을 가장 간결하고 적절하게 나타낸 링컨의 연설(1863) "국민의, 국민에 의한, 국민을 위한 정부는 이 땅에서 사라지지 않을 것입니다."에 비유하여 나의 참된 행복은 타인에 의해서 또는 외부 환경에 의해서 이루어지지 않고 '나로부터의 행복, 나에 의한 행복, 나를 위한 행복은 내가 지켜야 한다.'고 말하고 싶다.

겸손과 온유

겸손하고 온유한 사람은 자신을 낮추기 때문에 오히려 사람들의 존경을 받고 그들에 의해 높임을 받기 마련이다. 자신이 겸손하면 어느 누구도 자기에게 강압적으로 나온다든지 방해를 하지 않을 것이다. 또한 아무도 원망하지 않을 것이고 비난하지 않으며 해치지 않으므로, 어느 누구에게도 적대감이 발생할 수 없다. 그러므로 그에게는 불리한 일이 일어나지 않는다.

온유는 부드러움을 통해서 강함을 드러낸다. 가장 온유한 사람이 가장 힘 있는 사람이다. 온유한 사람이 가장 위대한 일을 한다. 현대인이 갈구하는 카리스마와 리더십의 비밀은 바로 온유이기 때문이다. 우리는 '똑똑한 사람' '성격 있는 사람'이 되고자 한다. 그러나 똑똑하거나 성격 있는 사람은 잘해 봤자 자신의 역량만을 발휘할 뿐이다. 하지만 온유한 사람은 자신을 통해서 타인의 무한한 지혜와 무한한 능력을 이끌어 낼 수 있다. 이것을 깨달아야 한다.

온유는 뜻을 접는 것이 아니라 더 큰 지혜로 자신의 뜻을 관철하는 것이다. 온유는 순천(順天)한다. 철부지란 말이 있다. '철부지(-不知)'는 '철을 알지 못한다.'는 뜻이다. 이는 때를 알지 못한다는 말로, 자연의 이치를 알지 못함을 의미한다.

온유하지 못한 사람이 바로 철부지에 해당한다. 반면 온유한 사람은 자연의 이치를 알고 활용할 줄 안다. 자연의 법리는 참으로 위대하다. 이를 신학자는 세계적 질서 또는 영성(靈性), 신성(神性)이라고 하였다. 그러므로 자연의 지혜, 곧 하늘의 지혜를 거스르면 안 된다. 이것이 바로 온유다.

나 자신을 성찰하건대 내 뜻은 생각이 짧고, 능력도 시원찮다. 그러나 온유를 간직하고 실천하려고 노력하면 신비스럽게도 자신의 지혜와 능력의 흐름을 알게 된다. 우리는 대부분 분주하고 힘들고 평화롭지 못한 삶을 산다. 즉, 고생하고 수고하며 산다. 고생과 수고는 온유하지 않은 사람, 곧 '내 뜻'을 중심으로 사는 사람에게서 이루어지고 있는 현상이다.

사람들이 평안하지 못한 이유는 자신들의 뜻대로 살기 때문이다. 내가 내 뜻만을 내세우며 스스로 짐을 지고 살아가자면 바둥바둥 너무 힘들다. 마음가짐이 안절부절못하고 조바심이 나고 잠이 안 온다. 결과에 대해서 불안한 것이다. "잘되어야 되는데, 잘되어야 되는데." 하고 말이다. 그러므로 평안함을 유지하기 위해서는, 설령 최악의 사태가 일어나더라도 일단 일어난 일을 받아들인다는 온유한 자세를 취해야 한다.

가톨릭대학교 차동엽 교수의 『행복선언』에서 온유의 영향력에 대한 구체적인 예를 소개하면 다음과 같다.

부드러움을 내포한 온유는 우주적인 힘이 흐른다. 그 이치를 깨닫게 해 주는 좋은 예가 있다. 캐나다의 퀘벡에는 긴 산맥이 있다. 이 산맥의 동쪽과 서쪽의 모습은 판이하게 다르다. 서쪽에는 여러 나무가 울창한 반면, 동쪽에는 오직 히말라야 삼목만이 군락을 이루고 있다. 이 기이한 경관은 사람들에게 줄곧 수수께끼였다.

이 태고의 수수께끼는 한 부부에 의해서 풀렸다. 1983년의 어느 겨울날, 결혼 생활이 위태로워진 부부는 사랑을 회복하기 위해 여행을 하기로 약속했다. 두 사람이 그곳에 도착했을 때 큰 눈이 내렸다. 이 광경을 보고 있던 아내가 놀란 듯 목소리를 높여 남편에게 말했다.

"이제 알겠어요, 왜 동쪽에 히말라야 삼목이 자라는지 말이에요. 히말라야 삼목은 적당히 휘어지기 때문이에요. 동쪽은 눈이 많이 오고 바람이 거세게 불어 휘어질 줄 모르는 나무는 결국 부러지거나 꺾여서 죽고 말았던 거예요. 서쪽은 당연히 눈이 적고 바람이 많이 불지 않으니 다른 종류의 나무가 살 수 있었던 거고요."

이 말과 동시에 두 사람은 무언가 깨달은 것처럼 서로를 바라보다 뜨겁게 포옹했다. 남편이 말했다.

"그동안 내가 잘못했소. 나는 내 고집만 부릴 줄 알았지. 당신 생각을 받아들이고 양보할 줄을 몰랐소. 내가 휘어질 줄 몰랐기 때문에 서로 힘든 시기를 보냈던거요."

아내도 눈물을 흘리며 말했다.

"아니에요. 나 역시 나만 알아달라고 했던 걸요. 우리 이제 서로를 이해하고 서로에게 휘어질 줄 아는 부부가 되기로 해요. 그럼 적어도 서로의 고집만 피우다 부러지는 일은 없을 테니까요."

히말라야 삼목은 휘어질 대로 휘어져서 하중을 견디며 생존하였다. 이 삼목처럼 휘어져서 기운을 흐르게 하는 사람이 최후의 생존자가 된다. 이들은 비굴한 게 아니라 부드러운 사람이다. 즉, 온유한 사람이다. 이들이야말로 지혜로운 사람이다. 우리도 이 삼목을 닮아서 휘어지는 삶을 살면 바로 행복을 누리는 것이다.

사실 부드러운 힘, 즉 온유의 효과는 우리 가까이에서도 쉽게 접할 수 있다. 남편이 아내에게, 부모가 자식에게. 자신의 의사를 관철하고자 할 때, 강한 힘으로 밀어붙인다면 겉으로는 복종할지 모르지만, 속으로는 반항하게 되는 것이 인간의 심리다. 오히려 낮은 목소리로 부드럽게 설득할 때(쉬운 일이 아니므로 항시 이성을 통해 감정을 완화시키는 자기 수양이 필요하다) 상대는 저절로 마음이 움직여 상대의 뜻을 따라 주게 된다.

오늘(현재)

〈시간과 소망〉

시간과 소망은 약속했나요.
투명을 좋아한다고
시간과 소망은 약속했나요.
휴식을 마다한다고
시간과 소망은 취미가 같은가요.
마음을 뿌듯하게 만들기로
시간과 소망은 풍선인가요.

지나간 흔적은 직접 찾을 수 없네요.
시간과 소망은 존재의 수수께끼인가요.
해답이 어렵네요.

시간의 형태는 감각적으로 볼 수 없고 그 흐름의 결과만 볼 수 있다. 시간은 기다림이 없이 흘러가는 것 같다. 그러므로 우리는 시간의 열차, 즉 인생 열차를 타고 유아기 역, 아동기 역, 청년기 역, 성인기 역, 장년기 역, 노년기 역 그리고 종착역인 죽음의 역에서 하차하게 된다.

우리의 의식이 작동하는 순간이 '현재'이며, 그것을 기준으로 회상에 의한 시간의 흐름을 '과거'라 하며, 상상을 통한 시간의 예측을 '미래'라 한다. 일상적으로 과거를 '어제', 현재를 '오늘', 미래를 '내일'로 표현한다.

무한한 과거와 미래의 연결점이 현재(오늘)다. 상대적으로 물리적 공간으로 볼 때 현재가 제일 짧다. 개인의 인지 능력에 따라 과거가 미래보다 길어질 수도 있지만 대체적으로 과거보다 미래가 더 길다고 보는 것이 타당하다.

과거는 회상이나 기억으로, 미래는 상상력으로 형성되는 상념일 뿐이며 현재만이 우리가 관장할 수 있다. 과거의 결과가 현재이므로 과거는 현재를 알차게, 그리고 건전하게 관리하는 참고의 보고

(寶庫)이자 촉진제이고, 미래는 현재의 방향타가 된다. 영원을 지속시켜 온 방대한 과거와 이미 기록된 시간의 최후까지 돌진하는 미래 사이에 있는 것이 현재(오늘)다. 우리는 이러한 영원의 어느 한 쪽에서 사는 것이 아니다. 만약 과거나 미래의 짐까지 모두 오늘 지고가려 한다면 육체나 정신은 모두 파괴되고 말 것이다.

'오늘(현재)'만이 내 것임을 확신하는 것이 현명하다. 지금부터 잘 때까지 말이다. 영국의 유명한 소설가 로버트 루이스 스티븐슨은 이런 말을 했다.

"어떤 무거운 짐이라도 밤까지는 운반할 수 있다. 아무리 힘든 일이라도, 하룻동안이면 어떻게든 해낼 수 있다. 누구든지 다 즐겁게, 끈기 있게, 그리고 청결하게 생활할 수 있다. 이것이야말로 진정 인생이 의미하는 모든 것이다."

그렇다. 이것이야말로 인생이 우리에게 요구하는 전부다. 현명한 사람에게는 하루하루가 새로운 생활임을 음미해 볼 필요가 있다.

오늘이란 날은 두 번 다시 오지 않는다는 것을 잊지 말아야 한다. '세월은 유수와 같다.'는 말은 역시 오늘의 가치를 암시하는 것이다. 오늘이야말로 우리의 가장 귀한 소유물이자 우리가 가진 단 하나의 확실한 소유물인 것이다. 그러나 조급해할 필요는 없다. 자고 나면 언제나 '오늘'이다.

오늘은 행복을 개선하는 가장 큰 결정 요인이 될 수 있다. 대부분의 사람이 행복 가능성에 한참 미치지 못하는 이유는 귀중한 오늘을 잘못 사용하기 때문이다. 목표를 향해 앞만 보고 달리거나 아무 생각 없이 쾌락을 추구하거나 허무주의에 빠져서 시간을 보내는 것이다. 그러나 오늘 안에 무기력한 삶과 충만한 삶의 가능성이 모두 있다. 오늘을 적절히 사용하면 우리가 누리는 행복은 지킬 수 있다.

'오늘'은 이 세상에서 가장 값이 비싸고 얻기 어려운 것임을 믿기 때문에 대부분 사람은 시간의 흐름을 열심히 따라가려고 한다. 그러나 '무엇 때문에 하루 종일 자기는 바쁘게 뛰지 않으면 안 되는가'를 전혀 모르고 있는 사람이 굉장히 많다. 또 집안에서도 어떤 큰일이 자신의 귀가를 기다리고 있는 듯이 바쁘게 거리를 누빈다. 자기도 모르게 전체적인 생활의 흐름을 따르고 있는 셈이다. 따라서 '바쁘다.' '시간이 없다.' '시간에 쫓긴다.' 등의 언어로 현재를 잊기 쉽다. 그러나 마음의 평화는 우리가 지금(현재) 이 순간에 만족하며 살 수 있는가에 따라 결정된다.

어제 혹은 작년에 무슨 일이 있었는지, 내일 무슨 일이 일어나고 일어나지 않을지와는 상관없이 지금 이 순간이야말로 우리가 존재하는 시간이다. 의심의 여지없이, 대다수의 사람은 여러 가지 일을 (그것도 한꺼번에) 걱정하는 신경과민적인 생활로 많은 시간을 낭비해 왔다. 그러므로 과거의 문제와 미래에 대한 걱정이 현재를 지배하도록 방치해 둔다. 방치의 정도가 지나치게 되면, 결국 우리는 초조해지고 좌절하게 되며, 너무나 우울해진 나머지 절망에 빠지게 된다.

반면 '미래의 어느 날'은 오늘보다 나아질 거라고 생각하며 현재의 만족과 행복, 그리고 권리 주장을 뒤로 미룬다. 우리는 계속해서 그런 식으로 더 나은 미래를 기대하지만, 불행히도 그러한 '미래'는 결코 찾아오지 않을 가능성이 크다.

사람들이 미래를 위해 계획을 세우고, 그것에 따라 매진할 때(그러한 행동이 나쁘다는 것은 아니고 그에 따른 손실이 있음을 언급한 것이다), 아이는 성장하고, 사랑하는 사람은 다른 곳으로 떠나거나 죽음을 맞이한다. 그리고 그렇게 우리의 몸은 늙고 병들고, 미래에 대한 꿈은 덧없이 사라진다. 간단히 말해, 우리는 인생을 그저 흘려 보내게 되는 것이다.

어느 누구도 자신이 내일 살아 있으리라고 장담할 수 없다. 바로 지금(오늘) 이 순간만이 우리가 가진 유일한 시간이며, 우리가 통제할 수 있는 유일한 시간이기도 하다. 현재라는 순간에 주목할 때에야 비로소 우리의 마음에서 두려움을 몰아낼 수 있다.

두려움이란 돈이 없어 궁핍하게 되거나, 아이가 문제를 일으키고, 언젠가는 늙고 죽게 될 것이라는 등 미래에 일어날지도 모르는 사건에 대한 걱정이다. 두려움과 싸우기 위한 가장 좋은 길은 관심의 초점을 현재(지금)로 돌리는 법을 연마하는 것이다. 간단히 말해, 자신의 관심을 자신이 처한 지금 이 순간에 쏟는 연습을 하는 것이다. 즉, 과거와 미래의 창문을 닫도록 노력하는 것이다.

현실감

'과거가 좋았다.' 고 하면서 과거를 그리워하고 현재(오늘) 자기의 처지를 팽개치거나, 자기의 이상만을 상상하며 그럭저럭 오늘을 보내는 사람이 적지 않다. 사실은 '왜 현재의 처지가 과거보다 열악할까?' 하는 것도, 결국 현재의 관점에서 평가된 것이다. 과거는 나의 추억일 뿐이며, 미래는 상상의 현상이다. 오로지 현재(오늘)만이 나의 삶의 터전이다.

현실에 부딪히는 문제가 실제적으로 해결되지 못함으로써 과거나 미래로 허황되게 번져 행복의 문을 열지 못한다. 미국 보험업계에서 손꼽히는 프랭크 버트거의 '사업상 고민' 과 '수입을 두 배가량 늘린 비법' 을 소개하면 다음과 같다.

그는 오래 전 처음으로 보험을 시작했을 때 그 사업에 대해 무한한 정열과 애착을 갖고 있었다. 그런데 뜻하지 않은 일이 일어난 후 실망한 나머지 일에 대한 의욕이 생기지 않아 그만두려고 했다. 어느 일요일 아침, 고민의 근원을 파악하려는 아이디어가 떠올랐다.

먼저 '도대체 무엇이 문제인가?' 하고 자신에게 물었다. 그것은 내가 발이 닳도록 뛰어 다닌데도 실적이 따라 주지 않는다는 것이었다. 면담할 때는 곧 잘 되다가도 막상 계약하려고 하면, '글쎄, 좀 더 생각해 봐야겠습니다. 다음에 다시 한 번 와 주십시오.'가 되는 것이다. 이렇게 몇 번이나 헛걸음치게 되는 것이 점점 싫어졌다. 그렇다면 '그에 대한 해결책은 무엇인가?' 라고 또 자신에게 물었다. 이에 대한 대답을 얻기 위해 우선 사실을 연구하지 않으면 안 되었다. 그래서 그는 최근 1년간의 장부를 내놓고 조사해 보았다. 그 결과 놀랄 만한 사실을 발견하였다. 거래처의 70퍼센트는 두 번을 찾아가야 거래가 성립되었던 것이다.

세 번, 네 번, 다섯 번씩 시간을 낭비해 가면서 찾아간 경우 성사된 것은 7퍼센트에 불과했다. 다시 말하면 하루의 절반 이상을 매출의 7퍼센트 때문에 낭비했던 셈이다. 그것은 명백했다. 그는 한 곳에 두 번 이상 방문하지 않기로 하고, 그 시간을 새로운 고객을 찾는 일에 돌리기로 했다(문제 해결의 답이었다). 그 결과는 실로 놀라왔다. 얼마 지나지 않아 1회 방문의 환산 가치를 2달러 80센트에서 4달러 20센트로 증가시킬 수 있었다.

우리는 자꾸 떠오른 '생각'에 사로잡혀 의욕을 잃을 때가 있다. 생각이란 단어가 때때로 '근심, 걱정'의 의미로 쓰인다. 성서에서도

"내일 일을 근심하지 말라." 고 하였다.

걱정은 현재의 문제다. 그것에 사로잡히면 마음이 흔들려 결단력을 잃게 된다. 걱정은 사람을 긴장시키고 혼돈을 가져와서, 위 신경을 자극하여 위액의 분비에 이상을 일으키고 때로는 위궤양으로까지 악화시킨다. F. 조셉 몬태규의 『신경성 위장장애』에서 "위궤양의 원인은 음식물이 아니다. 인간의 마음을 좀 먹는 걱정이 원인이다." 라고 하였다. 따라서 궤양은 때때로 감정적인 긴장의 강약에 따라 일어나기도 하고 가라앉기도 한다.

걱정은 결단의 근거가 되는 지식을 충분히 갖추지 않은 채 서둘러 결단을 내리려는 사람들에게서 일어나며, 감정을 날카롭게 만든다. 그래서 불면증에 시달리거나 사람들의 골치를 앓게 한다. 따라서 온갖 걱정을 사라지게 하는 방법은 현대 도시의 혼란 속에서도 평안한 정신생활을 유지하기 위해 한적한 곳에서 자기 시간을 갖고, 현재의 걱정에 대해 공평하고 객관적인 입장에서 사실을 파악하면 치유가 가능하다. 자신의 걱정을 치유할 수 있는 사람은 '아무도 없고, 오로지 자기 자신만이 할 수 있다.' 는 신념이 필요하다.

인간의 두뇌는 한 번에 두 가지 일을 동시에 할 수 없다. 예를 들어, 구구단을 외우면서 조선왕조의 이름을 외울 수는 없다. (번갈아 한다면 가능하겠지만). 이 원리에서 유추하면 하나의 감정은 다른 감정을 몰아낸다는 논리가 성립한다.

콜롬비아 대학교의 교육학 교수인 제임스 L. 머셀은 "걱정은 행동할 때는 자취를 감추고 있다가, 하루 일과가 끝날 무렵에 가장 강력하게 공격해 온다. 이즈음에 우리의 상상력은 자유분방하게 움직이며, 온갖 그릇된 가능성을 불러들여 실수를 저지르게 한다. 이와 동시에 마음은 짐을 싣지 않고 달리는 마차처럼 질주하다가 축바퀴부터 불이 붙어 산산조각이 날 염려가 있다. 그러므로 걱정에 대한 치료법은 건설적인 일에 몰두하여 걱정할 시간 여유를 없애는 것이다."라고 하였다.

한 예로 A라는 부인은 남편을 사고로 잃고 난 뒤, 아들이 군대에 입대하게 되었다. 그러자 부인은 군대 간 아들에 대해 '지금 어디에 있을까, 무사하게 잘 있을까, 지금쯤 폭탄이 터져 혹시 상해는 입지 않을까, 병기 사고로 부상이나 죽지 않을까 등 자나 깨나 걱정한 나머지 반(半)병자가 되었다. 가만히 있으면 아들에 대한 걱정 때문에 미칠 것 같아, 그녀는 한시도 쉬지 않고 일을 했다. 그러나 별반 도움이 되지 않았다. 집안일이라야 워낙 익숙하다 보니 기계적으로 자연스럽게 할 수 있는 것이라, 몸이 아무리 바빠도 머리는 여전히 아들 걱정에 꽉 차 있었다. 그녀는 하루 종일 정신적으로나 육체적으로 바쁠 수 있는 새로운 일이 필요하다는 생각이 들었다. 그래서 바로 백화점 점원이 되고자 결심하였다.

점원이 되어 상품의 가격, 치수, 빛깔을 묻는 손님에게 시달리다 보니, 눈앞에 있는 것 말고는 생각할 틈이 단 1초도 없었다. 밤이 되면 피곤한 다리를 빨리 쉬게 해 줘야겠다는 생각밖에 들지 않았다.

어쨌든 저녁 식사만 하고 나면 바로 침대에 쓰러져 잠들기 때문에 고민할 여유나 기력이 없게 되었다. 그녀는 존 쿠퍼 포이스의 『불안을 망각하는 기술』의 내용을 체득한 것이다.

온갖 즐거운 행복감이나 깊은 내면적 평화, 행복한 마음 상태는 정해진 일에 몰두할 때 찾아온다. 몰두할 때, 신경이 진정되니까 말이다. 우리 마음속에 걱정이 생겼다면 일을 약처럼 사용해야 한다. 우리가 바쁘게 움직이지 않고 그저 멍하니 앉아 생각에만 잠긴다면 '걱정'이라는 사탄에게 문을 열어 주게 된다. 조지 버나드 쇼는 "괴로워지는(걱정) 까닭은 자신이 행복한가 불행한가 따위를 생각해 보는 여유를 갖는 데 있다."고 말하였다. 바꾸어 말하면 몸을 놀리지 말고 언제나 바쁘게 살라는 뜻이다(몸을 놀린다면 바로 명상을 하라). 이 처방이야말로 이 세상에 있는 모든 약 중에서 가장 값싸고 가장 효험이 있음을 상기하는 것이 좋다.

사람들은 과거의 잔재를 현재로 끌어들여 고통을 만들고, 미래를 끌어들여 불안을 조성한다. 그 결과 고통과 불안 등이 걱정을 응고시켜 현실의 인생을 망치게 된다. 예를 들면, 피뢰침을 발명한 과학자로 유명해진 프랭클린은 일곱 살 때 호루라기를 몹시 좋아해, 갖고 싶어서 안달이 났었다. 그래서 장난감 가게 카운터 위에 갖고 있던 동전을 몽땅 내놓으며 값도 물어보지 않고 호루라기를 달라고 했다. 그러고는 그것을 갖고 집으로 돌아와서는 좋아서 어찌할 바를 몰라 온 집안을 뛰어다니며 호루라기를 불고 다녔다. 하지만 형들은 호루라기를 비싸게 산 것을 알고 동생을 꾸짖었다. 그는 제값보다 비싸게 산 것이 분해서 울었다. 그는 일곱 살 때에 저지른 잘못을 70년 동안이나 기억하고 있었다. 그때의 일을 회상하며 친구에게 "호루라기를 얻은 기쁨보다도 분한 생각이 더 했다."라고 했다. 그러나 프랭클린이 체득한 교훈의 대가는 값으로 따지자면 싼 것이었다.

사회활동을 하는 대다수의 사람은 호루라기 값을 너무 많이 치르는 경우가 많다. 세계 최대의 걸작에 속하는 『전쟁과 평화』 『안나 카레리나』의 작가인 불멸의 문호 레오 톨스토이도 이 범주에서 벗어나지 못했다. 대영 백과사전에 따르면, 톨스토이는 그의 생애 가운데서 최후의 20년 동안은 '세계에서 가장 존경받는 사람'이었다. 또 20년 동안—1890부터 1910까지—무수한 숭배자가 그의 얼굴을 한 번이라도 보고, 음성을 듣고, 옷자락이라도 만져 보려고 그의 집을 찾았다. 그의 말은 한 마디 한 마디가 마치 '신의 계시'인 것처럼 지켜졌다. 그러나 사생활 면에서 본다면, 그는 프랭클린이 일곱 살 때 가졌던 분별을 일흔 살이 되어서도 지니지 못했다. 그는 완전히 상식을 벗어났었다.

톨스토이는 그가 몹시 사랑했던 소녀와 결혼했다. 그들은 참으로 행복했고 천국 같은 생활이 언제까지나 계속되기를 하나님께 기도했다. 그런데 그녀는 질투심이 매우 강했다. 누추한 시골 여자 같은 차림을 하고 산속에까지 따라가 남편의 행동을 감시했다. 그들은 가끔 심한 언쟁을 했는데, 그녀의 질투는 마침내 자식에게까지 파급되어 횃김에 딸의 사진에 총을 쏘아 구멍을 낸 일도 있었다. 아편병을 입에 물고 침상 위를 뒹굴면서 자살하겠다고 으름장을 놓는 일도 있었다. 그러는 동안 자식은 방구석에 웅크리고 앉아 무서워서 울부짖었다.

그때 톨스토이는 어떻게 했는가? 그녀가 흥분하여 가구를 부셨다고 해도 비난하지 않았다. 그럴만한 이유가 있었다고 생각해서였을까? 톨스토이는 이보다도 훨씬 심한 짓을 했다. 즉, 그는 비밀 일기에다 무엇이든 아내가 전적으로 나쁘다고 썼다. 말하자면 이것이 바로 그의 '호루라기' 였고, 자식들이 자기와 동행하여 아내를 비난하도록 했던 것이다.

이에 대해 그의 아내는 어떻게 했을까? 그녀는 남편의 일기를 빼앗아 불태워 버렸다. 그리고 자기도 일기를 써서 남편을 악한으로 기록했고 『누구의 죄』라는 소설에서 남편을 가정의 악마로 표현했다. 그리고 자신은 희생자라고 했다.

그렇다면 대체 무슨 까닭으로 그런 행동을 한 것일까? 어째서 이 두 사람은 자신의 가정을 톨스토이 말대로 '정신병동' 으로 만들었을까? 여기에는 확실한 몇 가지 이유가 있는데, 그 하나를 들자면 다른 사람에게 강한 인상을 주고 싶다는 욕망 때문이었다. 사실 그들은 다음 세대에 속하는 우리의 비판에 깊은 관심을 두고 있었다.

우리는 저승의 세계에 있는 사람의 과거 비행에 대해 비난할 수 있을까? 안 될 말이다. 우리는 톨스토이를 생각할 겨를이 없을 것이다. 자신의 문제만으로도 벅찰 테니까. 그런데 이 딱한 두 사람은 얼마나 비싼 대금을 그들의 '호루라기'에 지불했는가!

그들이 겪었던 50년간의 지옥 같았던 가정생활은 두 사람 모두 "그만."이라고 말할 만큼 양식을 가지고 있지 않았기 때문이었다. 이런 일에는 지금 곧 손실정지명령을 달아 두자. 우리는 생활을 낭비하고 있다. "이만하면 충분해."라는 말을 하도록 하자.

확언컨대, 참다운 마음의 평화를 얻는 비결은 가치에 대한 정당한 판단력에 달려 있다고 믿는다. 인생에 어느 정도의 가치가 있는가를 판단하는 각자의 금본위제도(金本位制度)만 제정할 수 있다면, 우리 걱정의 50퍼센트는 해소되리라 믿는다.

관 계

우리는 언제까지 살 수 있을지, 언제 죽을지 모른다. 또한 죽으면 어디로 가는지도 모른다. 우리가 정말 알고 싶은 것은 그 물질의 크고 작은 것이 아니라, 그것이 어디서 왔는지, 어떻게 해서 그 물질이 생명을 얻는지, 또 어떻게 생명을 낳을 수 있는지 등에 대한 것이다. 모든 생존을 어떤 원형질에서 또는 한 개의 원세포에서 자연 발생한 것이라고 설명하려고 한다면, 도대체 어느 누가 이 세포를 만들어 그것에 무한한 생명력과 성장력을 주었을까 하는 의문점은 여전히 남는다. 이러한 궁극적인 의문을 제쳐 놓고, 우리가 직접 알 수 있는 지각적 자아에서 출발하면 우리는 부모의 DNA의 결합에 의해 출생하고 성장한다고 알고 있다.

분명히 우리는 단절된 내가 아니라 부모와의 관계에서 생성되어 존재하는 것이다. 따라서 부모를 공경하고 일반적인 일에는 부모에게 양보하고, 그들의 가르침에 따르는 것이 우리의 도리다. 인간은 성장하면서 가족관계, 교우관계, 연인관계, 직장 동료와의 관계 및 불특정 다수와 관계를 맺고 산다.

개인 내에 있어도 심신의 관계, 즉 심리적 자아, 정서적 자아, 영적인 자아의 관계에서 개인이 존재한다. 나아가 우리가 사는 지구와 우주와도 관계를 맺고 있다. 그러므로 하나의 관계는 다른 관계와 분리될 수 없음을 안다. 분리되지 않은 통합된 전체로 삶을 인식할 때 비로소 충만감을 느낄 수 있다. 우리는 자식과 부모와의 관계뿐만 아니라 이웃이나 거리에서 지나치는 낯선 사람들과도 관계가 있음을 알아야 한다.

가족과는 사랑하고 친절하게 대화하면서 다른 사람에겐 가혹하거나 무관심하다면, 삶이란 옷감을 짜 나가는 데 중요한 실타래를 잃어버리는 것과 같다. 우리는 스스로 이따금 다음과 같은 질문을 던질 필요가 있다.

"내 삶은 어떤 말을 전할 것인가?"

"내가 사랑하는 사람들에게, 내가 살고 있는 이 세상에게, 또 나 스스로에게 어떤 말을 전할 것인가?"

낯선 사람에게 미소를 머금은 인사, 은행 창구 직원에게 말하는 태도, 식당 종업원을 대하는 자세, 이 모두가 우리가 이 세상에 전하는 말이다. 이 모든 것이 우리가 얼마나 배려하고, 얼마나 많은 사랑을 나눌 수 있는지를 말해 준다. 그 모든 것이 우리가 앞으로 맺을 모든 관계가 행복하고 건강해지는 데 기여한다.

각각의 관계를 통해 이 세상에 더 많은 사랑을 공급할 것인가, 아니면 불안과 의심을 공급할 것인가? 다른 사람들과의 관계를 통해 우리의 사회를 치유할 것인가, 아니면 더 각박한 사회를 만들 것인가? 이러한 질문에 답을 한다는 것은 매우 중요하다.

우리와 삶을 함께하며 인생의 대소사와 생각과 감정을 함께 나누는 사람들이 있다는 것은 삶에서 느끼는 의미를 더 깊게 해 주고, 고통을 달래 주며, 기쁨을 더해 준다. 프랜시스 베이컨은 "기쁨은 두 배가 되고 슬픔은 반이 된다."고 말했으며, 아리스토텔레스는 "우정이 없다면 행복도 없다."고 말했다. 특히 공평하고 친밀하여 서로 돌봐 주면서 평생을 함께하는 동반자 관계보다 '강력한 행복의 조건'은 없다.

성심리 치료사인 데이비드 수나크는 『정열적인 부부관계』에서 진정으로 친밀한 관계로 발전시키려면 상대방에게 인정과 칭찬을 받으려고 자신을 증명해 보이기보다 자신을 있는 그대로 보여 주기 위해 노력해야 한다고 말한다. 또한 마음속 깊은 곳의 바람과 두려움, 환상, 꿈을 함께 나눌 수 있는 관계를 맺는다는 것은 그의 삶에서 수준 있는 사람이다.

우리는 우리의 생각과 말과 행동이 끼치는 영향을 무시하려 한다. 그 대신 외부 환경이 우리의 기분이나 행동에 책임이 있다고 믿으려 한다. 아무렇게나 행동하고, 화를 벌컥 내고, 되는대로 처신하면서 우리는 늘 말한다.

"이건 그 사람들 잘못이야. 그들이 나를 화나게 만들었어. 그들은 비난받아 마땅해."

나의 생각과 기분, 말, 행동이 자연스럽게 행복과 평화를 불러오도록 나 자신에서 출발해야 한다. 우리가 믿는 대로 상대편에게 믿게 하고, 우리가 생각하는 대로 생각하게 하고, 우리가 옳고 상대편이 '틀렸다'고 결론을 내리기보다 상대편의 믿음, 생각 그리고 판단이 '다르다'고 인정하면 피곤함이 약화될 것이다. 나의 행복에 이르는 길은 바로 '나와의 관계'에서 나 자신을 바꾸는 것이다. 나 자신을 바꾸는 것이야말로 돈독한 관계 유지의 첫걸음이다.

관계 속에서 겪는 수많은 어려움은 우리가 관계를 맺을 때 갖는 근본적인 생각이 잘못되었기 때문에 발생한다. 단순하게 말하면 우리는 자기 내면에서 찾아야 할 것을 종종 다른 사람과의 관계에서 찾으려 한다. 관계에 대해서 비합리적이고 비현실적 기대를 거는 것이다. 이런 생각을 바꾸지 않는다면, 우리는 늘 좌절할 것이고, 우리가 찾던 행복과 만족은 얻지 못할 것이다.

의견, 편견, 판단, 믿음 같은 것은 다양한 사람의 수 만큼 다양하다. 이를 인정해야 한다. 예를 들어, 형제 중에서 당신에게 어떤 잘못을 저질렀다면, 그 형제가 당신을 모욕했다는 측면에서 그 형제의 잘못에 대해 화낼 필요는 없다 — 그 잘못은 그 형제의 핸들인 만큼 당신이 붙잡아서는 안 되는 것이다 — 오히려 당신은 당신의 형제이고 어릴 때부터 함께 자랐다고 하는 측면에서 생각해야 한다. 그렇게 한다면 당신은 당신이 할 수 있는 것(핸들)으로 그 일을 잡은 것이 된다.

우리가 살아가는 데 때로는 다른 사람의 문제에 달려드는 경향 때문에 문제가 생길 수도 있다. 누군가가 걱정거리를 던져 오면 자신이 그것을 잡아 해결해 줘야 한다고 생각한다. 바쁜 와중에 친구가 전화를 해서 "마누라의 간섭에 못살겠다. 어떻게 하면 좋아."라고 말한다고 하자. 이럴 때 "정말 미안하네. 뭐라고 말해야 좋을지 모르겠군." 하고 대답하는 것이 무난하다. 바꾸어 말하면 대부분의 사람은 재빨리 친구로부터 날아온 공을 잡으려고 한다. 그리고 문제를 해결해 주려고 애쓴다. 그것은 자신의 성급함의 소치다.

삶이라는 드라마에서는 자신의 의지와 상관없이 사건이 벌어지고, 남의 손에 등을 떠밀려 무대에 등장하게 되는 경우가 있다. 상대가 자신을 사건의 등장인물로 끌어들이려 할 때마다 반드시 그것에 참여할 의무는 없다. 다만, 공을 잡든 안 잡든 그것은 자신의 선택에 달려 있다. 즉, 언제 어떤 공을 잡아야 할지를 알아야 한다(물론 쉬운 일이 아니다. 결정을 내리기 어려우면 친지나 지인의 의견을 참고해야 한다). 반드시 공을 잡지 않아도 된다는 깨달음은 행복을 지켜 내는 강력한 방패다.

특히 인간관계를 망치는 무서운 독소는 상대가 나의 자만심을 인지하는 경우다. 예를 들어, 어떤 사람이 "나는 너보다 부자다. 그러므로 나는 너보다 잘난 사람이다." "나는 너보다 능변가다. 그러므로 나는 너보다 훌륭한 사람이다."라는 태도를 취할 때 그 사람은 타당한 논리라고 생각한다. 그러나 그것은 논리 비약으로 성숙하지 못한 자만심의 발로라고 할 수 있다. 올바른 논리는 "나는 너보다 부자다. 그러므로 나의 경제 상태는 너보다 낫다." "나는 너보다 능변가다. 그러므로 나의 화술은 너보다 낫다."라고 생각해야 한다.

바꾸어 말하면 그대 자신의 노력으로 재산이 형성되었고, 능변 역시 소질과 연습의 결과이므로 그것은 자신의 소유물이지 자신이 아니다. 관계를 유지하고 싶은 상대는 그 사람의 성취 결과가 아니라 그 사람 자신이기 때문에 결별은 필연적이다.

필자는 존 E. 월션의 책 『버리기 전에는 깨달을 수 없는 것들』(부희령 옮김, 행성출판)의 내용을 보완하여 퉁명스럽고 무뚝뚝한 태도를 지닌 어떤 가게 주인과 친밀한 관계를 형성한 좋은 예를 들고자 한다.

1972년의 어느 여름날 저녁, 나는 친구와 함께 퇴근 시간에 뉴욕 시내를 걷고 있었다. 저녁을 먹으러 친구의 아파트로 가는 길이었다. 가는 도중 친구는 거리에 있는 신문 가판대에 잠깐 들렀다. 그 가판대의 그 모든 물건은 뒤죽박죽 쌓여 있었고, 여러 종류의 잡지는 커다란 박쥐처럼 지붕에 매달려 있었다.

계산대 뒤에 한 남자가 있었다. 남자는 신문과 잡지, 사탕, 담배, 그리고 다른 물건에 가로막혀 장벽 뒤에 숨은 것처럼 보였다.

그 남자는 작고 건장한 몸집에 희끗희끗한 짧은 머리를 하고 있었다. 얼굴은 햇볕에 그을려 검었으며, 눈은 붉게 충혈되어 있었다. 그는 담배 한 개비를 느슨하게 입에 물고 연기를 내뿜었다. 소용돌이치는 안개 같은 담배 연기가 그의 얼굴을 뒤덮었다. 그 남자는 몇 년 동안 미소조차 짓지 않은 사람처럼 외롭고 실의에 빠져 있어 보였다.

내 친구가 그 남자에게 다정하게 인사를 건넸다.

“기분 좋은 저녁이에요.”

남자는 아무 말도 하지 않았다. 쳐다보지도 않았다.

“뉴욕타임스와 뉴스위크지, 초콜릿바와 껌 한 통 주세요.”

친구가 미소를 지었다. 남자는 침묵을 지키고 있었다. 그는 몸을 돌려 기계적으로 물건을 챙겼다. 담배 연기가 그의 머리를 에워 싸고 있었다. 그는 주문한 물건을 모아서 계산대 위에 탁 소리가 나게 내려 놓았다.

친구가 다시 미소를 지었다.

"모두 얼마죠?"

남자는 잠깐 생각하더니 퉁명스레 중얼거렸다.

"8달러 75센트."

친구가 그에게 10달러짜리 지폐를 건네주었다.

남자는 물건 값을 받는 일이 끔찍하게 불편한 일이라는 듯 한숨을 내쉬었다. 그는 뒤로 돌아서 현금을 넣어 두는 서랍에 손을 뻗었다. 그리고 천천히 1달러 지폐와 25센트 동전을 꺼내 친구가 산 물건 위에 거칠게 내려 놓았다.

"감사합니다. 좋은 시간 보내세요!"

친구가 인사를 했다.

나는 그 남자의 퉁명스럽고 무뚝뚝한 태도보다 그에 상관없이 따뜻하고 상냥하게 말을 건네는 친구에게 더 놀랐다. 그 상황에서 나의 생각은 "당신(가게 주인)은 장사할 자격이 없는 빌어먹을 사람이야. 당신의 말투나 태도가 내 기분을 망쳤어. 두고 보자, 다시는 오지 않을 거야. 당신으로 말미암아 내 기분은 엉망이 되었어." 하고 말할 텐데 말이다. 그러나 친구의 태도는 냉소의 흔적이라고는 찾아볼 수 없었다. 친절함을 타고난 사람 같았다.

“너 저 가게에 자주 들리니?”

“매일 가.”

친구가 대답했다.

“저 사람은 가게에 자주 있어?”

“매일 있어. 저 사람이 가게 주인이야.”

“저 사람은 언제나 퉁명스럽니?”

“언제나 그래.”

“넌 언제나 상냥하고?”

“그렇게 하려고 노력하지.”

“저 사람은 너에게 한 마디도 안 해?”

“전혀, 한 번도 말 한 적이 없어.”

나는 그 모든 것에 대해 곰곰이 생각해 보았다.

친구는 제임스 알렌의 『생각하는 대로』라는 책의 다음과 같은 구절을 체득하고 있는 것 같았다.

“사람이 타인과 사물에 대한 자신의 생각을 바꾸면, 타인과 사물도 그에 대한 생각을 바꾸게 된다는 사실을 알게 될 것이다. …… 갑자기 생각을 바꾸면, 그에 따라 생활의 외적 조건이 급속하게 변화되는 것을 보고 놀라게 될 것이다. 하지만 사람들은 자신이 원하는 것을 끌어들이는 것이 아니라, 있는 그대로의 현상만을 받아들인다. …… 그러나 목적을 형성하는 신성(神性)이라는 것이 우리 내부에 존재한다. …… 따라서 인간이 이룩하는 온갖 것은 그들이 생각한 직접적인 결과인 것이다."

우리가 사고의 고양을 거부한다면 약하고 비참한 상태를 벗어날 수 없을 것이다. 자기가 자신의 행동을 조절할 의지를 가진다면 내부의 감정적 반응을 억제할 수 있다. 상대편이 '틀렸다' 고 말해도 그에 대하여 내가 스스로 어떻게 반응할 것인가, 즉 당신이 나의 반응 방식(부아가 치밀고 있네)을 시험하고 있다고 생각하고 내 가슴으로 날아오는 당신의 화살을 피할 자신이 있다고 판단한다.

올바른 생각을 선택하는 데 성공한다면 모든 문제를 해결하는 길이 열리게 될 것이다. 로마제국을 통치한 위대한 철학자 마르쿠스 아우렐리우스는 그것을 불과 몇 마디 말—인간의 운명을 결정하는 짧은 말—로 요약했다.

"우리의 인생은 우리의 사고로 만들어진다."

그렇다. 우리가 즐거운 생각을 한다면 즐거울 것이고, 불행한 생각을 한다면 불행하게 될 것이다. 또 무서운 생각을 한다면 무서워질 것이며, 병적인 생각을 한다면 병에 걸리게 될지도 모른다. 실패를 생각한다면 실패할 것이다. 우리가 우울하면 사람들은 모두 우리를 피하고 멀리 할 것이다.

난 친구가 제임스 알렌이나 마르쿠스 아무텔라우스의 사상을 통달하고 이를 실천하는 사람이라고 생각했다.

"왜 너는 저 사람에게 계속 상냥하게 대하는 거지?"

내가 묻자 친구는 다시 미소를 지었다.

"그 사람 부인이 작년에 세상을 떠났어. 그는 외로울 거야. 가슴이 아플 거라고. 그리고 어쨌든, 내가 저 사람의 시큰둥한 기분 때문에 하루를 망쳐야 할 이유가 없잖아? 나는 저 사람을 계속해서 다정하게 대할 거야. 그가 나의 상냥함을 받아들이면 좋겠지만 그렇지 않아도 할 수 없지."

친구의 자연스럽고 조건 없는 연민을 보면서, 나는 나의 행동을 내가 선택할 수 있다는 것을 깨달았다. 상대에게 특별한 반응을 기대하지 않고도 우리는 친절하고 다정할 수 있다. 불쾌함을 주는 사람들은 대부분 상처받은 사람들이라는 사실을 떠올리면 깊은 연민을 가질 수 있다. 행복한 사람들은 퉁명스럽지 않은 법이다.

상냥하고 다정한 태도를 지니면 기분이 좋아지고 유쾌해진다(가능한 유쾌한 태도를 취하면 손해볼 것이 없다). 우리가 예상 밖의 친절을 베풀면 다른 사람들의 삶도 바뀔 수 있다. 비록 아주 조금뿐이라고 해도 말이다. 무례함과 불쾌함에 대해 친절하고 따뜻하게 응답하는 것은 닫힌 가슴을 열어 고통당하는 영혼을 자유롭게 하는 열쇠가 되기도 한다.

3개월 이후 친구가 밝은 목소리로 만나자는 전화가 걸려 왔다. 평소에도 명랑한 친구였지만, 이번 만남에서 친구는 더욱 명랑해 보였다. 그동안에 즐거운 일도 많았지만 특히 잡화상 가게 주인의 변화에 친구는 세상이 살맛 난다고 했다.

"친구야. 내가 그 가게에 들리면, 이제는 가게 주인이 미소를 띠워. 그리고 타임즈와 뉴스위크(내 친구는 그것들의 구독자였다)를 비닐 봉지에 넣어 주며 "그것 이외에 필요한 것 없소?"라고 먼저 말을 걸어오는 거야, 참 신기하지. 그래서 나도 모르게 가게 주인과 1~2분 대화를 나누게 되었어."

그 전의 퉁명스럽고 무뚝뚝한 가게 주인이 그렇게 몰라보게 변한 것을 보고 인간관계가 어려우면서도 한편으로는 쉽다는 생각에 그는 기쁨을 만끽하고 지낸다고 한다. 나는 이런 친구와 우정을 나누고 있다는 사실에 행복함을 느꼈다.

인생관

인간은 가정, 학교, 사회 등에서 가진 경험에 따라 자기 나름의 삶의 목적과 미래를 설계하며 살아간다. 그러므로 사람마다 경험이 다르고 지각 방식이 다르기 때문에 각자의 인생관도 다르다. 또한 인생관은 살아가면서 변화할 수 있다. 여기에서는 거시적으로 동물적 차원의 '생존경쟁', 즉 소유 지향의 삶과 인간적 차원의 '공존공생', 즉 존재 지향의 삶 중 어느 삶이 행복을 보장하는가를 밝힌다.

이 세상의 생활 물자는 모든 인간에게 충분한 만족을 줄 수 없는 것이기 때문에 안락하게 살 수 있는 사람은 단지 소수에 지나지 않고, 수많은 사람은 싫든 좋든 불행한 생활을 해나갈 수밖에 없는 부득이한 실정이다. 삶의 일차적 바탕은 물질이므로 물질을 확보하기 위한 '생존경쟁'이 존재하기 마련이며, 그 결과 인간은 누구를 막론하고, 우수한 종족만이 승리하는 데 비해 대다수 사람은 패배자가 된다. 물론 어느 선까지는 동물계를 지배하고 있는 '생존경쟁'이라고 하는 것이 어떤 의미를 갖게 된다. 생존경쟁은 우리가 억압하는 자가 되느냐 억압당하는 자가 되느냐 하는 길밖에는 선택의 여지가 없는 세계다.

생존경쟁에서는 이기주의와 야심이 표출되며, 양보나 협력이 허용되지 않고, 합리적인 세계관에 의해서 다소는 명령을 따르지 않을 수도 있다. 이기심은 모든 생물이 가지고 있는 자기 보존욕에 근거를 두고 있다. 이기주의자를 비난하는 것은 자기의 이익을 위해서는 좋지 않은 목적과 수단을 가리지 않는다는 것이다. 결국 가장 잘 된 경우에까지 생존경쟁 안의 많은 주위 사람을 쓸데 없이 곤란하게 만들 뿐이다. 모름지기 자신의 보다 좋은 자아를 잃어버리는 것이 보통이다. 그들은 맛있는 음식을 먹어도 더 맛있는 음식을 원하며 마셔도 마셔도 만족할 수 없다. 어떤 옷도 마음에 내키지 않으며 돈이 많아도 항시 부족함을 느낀다.

야심이라는 것은 일을 하면서 즐거움을 느끼고자 하는 것이 아니다. 단지 될 수만 있다면 형식적으로라도 빨리 성공을 거두고 싶은 것이다. 모든 일은 짧은 시일 안에 이룩하지 않으면 안 되는 것으로, 차분한 마음에서 느낄 수 있는 행복한 일 따위는 문제 밖의 일로 생각한다. 그러나 야심가를 위해 성공의 기회가 항상 대기하고 있는 것은 아니다. 열 사람의 야심가 중 겨우 한 사람 정도가 원하는 목적을 달성할 뿐이다. 또한 '행운을 잡은 사람'도 살아 있는 동안 물질적 바탕 위에 구축된 인생관을 가진 생존경쟁의 승자는 상급 사회 쪽에 훨씬 더 많다. 그들은 인간다운 진지한 일을 모두 폐기하고 지극히 고루한 인습을 답습하면서 올바른 처신의 길을 택하기보다 쾌락의 늪에 빠져 헤어나지 못한다. 즉, 정신적으로 불완전하고 신체적으로 건강하지 못한 인간이라는 것이다. 아무런 일도 하지 않는 귀족주의적인 방탕자라든가 유한부인—현대사회에서는 가장 무용지물인, 가능한 한 일을 하지 않는 인종 중에서 예를 들었지만—패거리는 늘 건강 유지에 매일매일 쫓기고 있다.

생존경쟁의 패배자는 인생을 고통스럽게 몰아 넣는 노여움, 증오심, 질투심을 마음속 깊이 간직할 수 있다. 예를 들어, 사업이 건재하려면 수익을 내야 한다. 즉, 수입이 지출보다 많아야 한다. 우리의 삶에서도 긍정적인 경험을 수입으로, 부정적 경험을 지출로 생각하면 이해하기 쉽다. 긍정적 경험이 부정적 경험보다 많으면 궁극적인 가치에서 이익을 내게 된다. 그러나 부정적 경험(손실)이 긍정적인 경험(수입)을 압도하는 장기적인 불황이 계속되면 정서적으로 파탄되어 행복감은 멀리 사라지게 된다.

또한 사회는 인정이 없는 각박한 분위기가 고조된다. 선진국, 즉 물질적 복지 면에서 장족의 발전을 이루었다고 해서 그와 병행해서 행복감이 상승하는 것이 아니라 양자 간에 역 상관이 있다는 것이다. 그 이유는 소유하고 싶은 욕구는 증가하지만 그와 상대적으로 욕구불만도 상승하기 때문이다.

미국 10대 아이의 약 3분의 1이 우울증에 시달리고 있다. 미국, 유럽, 아시아에서 실시한 국가별 행복지수를 조사한 결과, 한국은 전체 조사 대상 37개국 중 28위로(한국의 무역국 세계 순위는 12~13위다) 한국인의 행복지수가 매우 낮은 것으로 밝혀진 바 있다(서울신문, 2008년 9월 12일자).

삶의 관점(인생관)을 '생존경쟁'으로 보는 것은 거의 승산이 없어 보이는 쓰라린 동물적 싸움으로, 인간을 동물 이상의 존재로 보는 것이 아니라 본능 위주로 사는 동물로 하향시킨 것이다.

인간이 아무 사명도 없이 살고 있지 않는 것은 분명하다. 인간을 개인적으로는 동물로, 정치적으로는 '노예'로 격하하는 식의 인생관의 진리성은 조금의 식견이라도 있는 사람이라면 수용할 수 없을 것이다.

인간은 동물적 생존 이상으로 하나의 초감각적인 세계의 존재를 인정하고, 그것을 향해 전진한다. 인간은 실제로 태만, 욕망, 낭비,

무절제, 인색 등에 빠지는 것과 같이 근면, 절제, 검소, 정직, 관대한 습관도 익힐 수 있는 존재다. 그리고 박애, 연민, 동정, 희생, 봉사를 삶의 보람으로 삼고 산다.

동물계를 지배하고 있는 '생존경쟁'이 인간 삶에 소량의 삶의 법칙이라 할지라도, 정신적 평화와 그 밖의 모든 사람과의 평화, 그리고 그들에서 얻는 성실과 존경 및 소명감을 중시하면, 우리의 삶은 '공존공생(共存共生)'의 법칙에 따라 운영될 수 있다.

우리가 대아적 자아로 접근할 때 소아적 자아를 지닌 완고한 이기주의자는 '생존경쟁'의 출입구에 들어가지만, 대아적 자아를 가진 사람은 '공존공생(共存共生)'의 출입구를 통과한다.

물질에 바탕을 둔 인생관, 즉 소유 지향의 삶을 살면 샹들리에가 걸려 있는 천장만 보며 살지만, 공존공생에 바탕을 둔 인생관, 즉 존재 지향의 삶을 살면 별이 빛나는 하늘을 보며 살 수 있다. 또한 소유 지향의 삶을 살면 자신의 울타리 안의 정원만을 즐기지만, 존재 지향의 삶을 살면 온 지구를 정원으로 즐길 수 있다(차동엽, 2009).

소유 지향의 삶에서 존재 지향의 삶으로 상향시키는 것은 동물의 영역을 탈출하여 인간의 영역으로 진입하는 것이다. 인간 영역이 얼마나 아름답고, 귀중하며, 즐거움이 충만되어 있는 곳인지를 체험할 수 있는 것이다. 이러한 체험은 인생이 안락함만을 위해서만 존재하는 것이 아니고, 올바른 행동을 근간으로 사는, 존재 지향적인 삶이다. 그러나 부귀영화의 손짓에 눈을 뗀다는 것은 그리 쉬운 일이 아니다.

어떤 화물선 선장의 일화를 소개한다.

어떤 금괴밀수업자가 금괴를 국내로 반입시켜 주면 운송비 1000만 원을 주겠다고 유혹했다. 선장은 위법임을 지적하면서 그의 제의를 거절하였다.

"그렇다면 1500만 원을 드리겠소."

"안 됩니다." 선장은 단호히 외쳤다.

"그러지 말고 2000만 원에 합시다."

밀수업자는 값을 더 올렸다.

"안 됩니다."

선장은 더 단호하게 외쳤다.

"정 그렇다면 2500만 원을 드리겠소."

밀수업자는 끈질게 선장을 꼬드겼다.

그러자 선장이 총을 꺼내 밀수업자를 겨누며 소리쳤다.

"이 배에서 당장 내리시오! 당신이 말한 가격이 내가 매기고 있는 액수에 점점 가까워지고 있단 말이오."

이렇듯 유혹에 안 넘어가려고 하는 것은 쉬운 일이 아니다. 결국 의로움과 마음의 깨끗함(맑은 정신)은 서로 별개가 아니라 중첩되어 있는 상태라고 할 수 있다. 그러기에 이러한 덕목은 인간 중에서도 원숙한 인간에게서만이 볼 수 있다. 따라서 우리는 마음을 청결하게 정리해야 한다. 맑은 정신을 소유한 사람은 대의명분을 지닌 생명권, 인권, 생태권(生態權)을 볼 수 있으나, 탐욕스럽고 정신이 탁한 사람에게는 악령(惡靈)이 머물기에 좋다.

공자의 '조문도면 석사도 가하다(朝聞道夕死可).'는 말은 어떤 인생관을 가지고 사느냐에 따라 그 삶의 차원이 다르며, 그것은 개인의 행복 여부와도 관련이 깊다라는 뜻이다.

감사

사람들은 현재 갖고 있는 것이 전과 별로 차이가 없다고 생각한다. 그래서 자기의 소유 욕망의 명단에 새로운 목록을 넣으면서 "이것만 바라는 대로 되면 나는 행복해질 거야."라고 생각한다. 그러나 이런 사람은 일단 욕구가 충족되더라도 또 다른 것을 찾아 계속 이런 말을 반복한다.

우리는 계속해서 새로운 것을 좇고, 원하는 것을 얻지 못할 경우 줄곧 그것에 대해서만 생각하게 된다. 그런 사람은 행복을 누린다는 생각을 아예 할 수도 없다. 삶의 관점을 바꾸어 현재 가지고 있는 것에 관심의 초점을 맞추고, 바라는 것을 획득하기 위한 여러 가지 방법을 탐색하면, 정신적 고통 없이 원하는 것을 얻을 수 있다.

자기가 바란다는 것은 현재 자신의 처지에서 소유하기 어렵다는 사실이므로 이를 받아들이고, 성급히 이것을 성취하려고 "내가 원하던 인생은 이게 아니야. 나는 인생이 지금과 달라지기를 바라." 하고 몰아치며, 자신을 불행의 구렁텅이로 몰아넣게 된다. 우리 속담에 '바쁠수록 쉬어 가라.' 고 했지 않은가!

행복은 저 멀리 도달해야 할 삶의 목표이기도 하지만, 현재의 삶에 부착되어 있다는 사실을 소홀히 한다면 우리 삶은 고달픈 것이 된다. 소극적이라 폄하할지 몰라도, 예를 들어 해외여행의 비용 부담이 있다면 국내 관광지로 대체하고, 봉급이 낮다면 그 일자리에서 해고되지 않았다는 사실에 위안을 삼고, 승진이 안 되었다면 다음 기회를 바라보며 더 열심히 일을 하고 자중자애(自重自愛)하면 현재의 불만보다 만족감이나 행복감이 스며들어 미래의 소원 성취의 확률이 높게 될 것이다.

달라미 라마가 1989년 노벨 평화상을 수상했을 때 한 기자가 "다음은 뭐죠?" 하고 질문을 던졌다. 그는 "사람들은 현재 소유하고 있으면서도 그것을 만족하지 못하고 더 큰 것을 갈망하는 습관이 있습니다." 라고 대답하였다.

'만족' 이란 자기 자신이 가진 것 이상을 원해서도 안 되며, 원할 수도 없다는 것을 의미하는 것이 절대 아니다. 다만, 행복해지기 위한 조건이 '많거나 거창한 것' 에만 있는 것이 아니라는 말이다.

행복은 자신이 가진 것과 원하는 것 사이에 얼마만큼 차이가 있느냐에 달려 있다. 일생 동안 '좀 더'를 외치면서 살아갈 수도 있고, 작은 것에 만족하며 살 수도 있다. 선택은 오로지 자기 자신에게 달려 있다. 이와 관련하여 한양대학교 고전문학 정민 교수의 세설신어(世說新語)의 칼럼 156호(조선일보) '수오탄비(羞惡歎悲)'를 간추려 보자.

'선비 절개 가난해서 굳세어지고,
고인(高人)의 뜻 병중에 자라나누나.'

이것은 백거이(白居易)의 시다. 가난과 질병은 뜻 높은 선비의 정신마저 꺾지 못한다는 뜻이다.

'주머니 비자 배움 더욱 넉넉해지고, 집 가난해 사람 더욱 우뚝해지네.'

이것은 소식(蘇軾)의 작품이다. '빈천(貧賤) 속에 학문이 깊어지고 의기가 더욱 솟아나니 박차고 일어서야지.' 라는 뜻이다.

'늙을수록 더욱 씩씩하고, 궁할수록 굳세야 한다.'

마원(馬援)의 말이다. 노익장(老益壯)이란 말이 여기서 나왔다. 늙어 주눅든 모습처럼 보기 민망한 것이 없다.

'살아서는 뜻을 빼앗을 수가 없고, 죽어서는 이름을 빼앗을 수가 없다.'

예기(禮記)의 한 구절이다. 남이 뺏지 못할 뜻과 이름이 없는 것을 부끄러워해야지, 남이 안 알아 주는 것을 탄식하지 말라는 뜻이다.

우리가 부끄러워하고, 미워할 것(羞惡)은 빈천이 아니다. 그 앞에 기가 꺾여 제풀에 허물어지고 마는 것이다. 탄식하고 슬퍼할 일(歎悲)은 늙고 병들어 죽는 것이 아니다. 부끄러운 줄 모르고 망령 떨고, 이룬 것 없이 큰 소리치다가 죽자마자(사람들에게) 잊혀지는 일이다.

수오탄비의 내용은 타인에게 보여 줄 물질이 없다고 탄식하고 슬퍼하지 말고, 자기의 존재 의식이나 의지(정신)를 함축하고 있다는 사실만으로도 행복을 누리고 사는 사람이란 것이다.

거부(巨富)에 비하면 겨우 하루 세 끼니 먹고 사는 사람의 빈곤은 가슴 아프다. 그러나 생각을 바꿔 보면 나 역시 거부 못지 않게 부자임을 확인하고 용기가 난다. 나의 두 눈을 1억에 팔고 싶은가? 아니다. 나의 두 다리를 무엇과 바꿀 수 있는가? 싫다. 손과 귀는? 자식은? 가족은? 전 재산을 집계해 보면 거부 못지 않다. 즉, 돈이 있어 시계를 살 수 있지만 시간은 살 수 없고, 집을 살 수 있지만 가정은 살 수 없고, 장기를 살 수 있지만 수명은 살 수 없다. 필자는 멀쩡한 정신을 유지하며 오붓한 가정에서 시간의 흐름을 계절 감각으로 즐기고 있다. 이런 관점에서 자신에 대한 감사함을 가지게 된다.

그런데도 우리는 이러한 것의 진가를 알지 못하고 있다. 쇼펜하우어가 "우리는 이미 가진 것에 대해서는 좀처럼 생각지 않고, 없는 것만 생각한다."고 말했듯이 이런 경향은 정말 지상 최대의 비극이다. 이것은 아마도 역사상 있었던 온갖 전쟁과 질병 이상으로 인간을 불행하게 했다고 할 수 있다.

하나의 사례를 들어 보자.

어떤 여성은 낮에는 직장인으로, 밤에는 야간대학생으로, 아침에는 조기운동 코치로, 늦은 밤에는 습작 활동을 하여 수면 시간은 겨우 3~4시간 정도였다. 지나친 활동으로 피로가 누적되어 간과 신장이 좋지 않아 6개월 동안 병원에 입원하여 치료를 받아야 할 처지가 되었다.

"재기 불능으로 죽을지도 모른다는 생각에 무서워서 몸이 떨리더군요. 어쩌다 이 꼴이 되었는지. 이런 벌을 받아야 할 짓을 한 것도 아닌데……."

그녀는 비탄에 잠겨 몸부림쳤고, 점점 더 반항적이 되었다. 그런데 이웃에 사는 그녀의 아버지 친구분이 병문안에 오셔서 하시는 말씀이,

"얘야, 장기간 병원에 누워 지내는 것이 비극이라고 생각하지 마

라. 오히려 차분하게 사색할 시간이 생기게 됐으니 자아를 새롭게 인식할 수 있는 계기로 생각해라. 앞으로 몇 달 안에 지금까지의 생활 이상으로 정신적인 성장을 얻을 것이다."

그때부터 그녀는 마음을 가라앉히고 새로운 가치관을 기르기로 했다. 그리고 영감(靈感)에 관한 서적을 읽기 시작했다.

그러던 어느날, 그녀는 라디오 평론가가 "인간은 자기가 의식하고 있는 것만을 표현할 수 있다."라고 말하는 것을 들었다. 지금까지 그런 말을 가끔 들어오긴 했지만, 갑자기 그 말이 그녀의 가슴을 파고 들었다. 그녀는 그 말을 실천하기보다는 그런 생각만이라도 가져야겠다고 결심했다.

그것은 결국 환희, 행복, 건강의 사상이었다. 그녀는 매일 아침 눈을 뜨자마자 감사해야 할 모든 일을 생각하도록 힘썼다. 고통 없는 일을 비롯하여 라디오에서 흘러나오는 아름다운 음악, 독서 시간, 맛있는 음식, 다정한 친구를 생각했다. 그녀는 워낙 쾌활했고, 문병객도 많아서 의사는 일정한 시간에 한 사람씩 차례로 병실에 오도록 조치를 취할 정도였다.

그때가 벌써 5년 전이지만 그녀는 지금도 충실히 활발한 생활을 하고 있다. 그녀는 지난 1년 가까운 병상 생활을 감사하게 여겼다. 그때부터 그녀는 매일 아침마다 행복을 헤아려 보는 습관을 길렀고, 지금까지 계속하고 있다. 그러한 습관이 그녀에게는 소중한 보배이기 때문이었다. 어쨌든 죽음에 직면하기까지 참다운 삶을 산다는 것이 무엇인지 몰랐던 그녀가 종전의 생각을 회상하면 부끄러운 생각이 든다고 했다.

벌써 210년 전에 사무엘 존슨 박사가 체득했던 교훈으로 '온갖 사물에 대해 가장 좋은 면을 보는 습관은 1년에 1천 파운드의 소득보다 낫다.' 는 것을 그녀는 이제 와서 배운 것이다.

또 하나의 예로 감사함을 모르는 어떤 할머니를 소개한다.

그 할머니는 50대 후반에 남편과 사별하고서 직장을 다니며 3남매를 길렀고, 자녀 모두 결혼시켜 이제는 혼자 생활을 하고 있으며, 지금은 퇴직하여 연금으로 생활하므로 큰 어려움 없이 살고 있다. 할머니는 외향적이며 평소 자녀에게 '능력을 길러 베푸는 사람이 되어라.' 하고 당부했다. 자녀는 '우리 어머니는 강인하고 야무진 분이다.' 고 생각하여 전화는 한 달에 한두 번 하는 정도이고, 회식은 2~3개월에 한 번 정도로 부담을 드리지 않는 방향으로 어머니를 대하였다.

그러나 할머니 생각은 자녀와는 달랐다. 그녀는 자기만의 생활에 몰두하기보다 자녀에 대해 서운함을 느꼈다.

'우리 애들은 어머니에 대한 효심이나 인정이 없고 자기만 즐기는 애들이야.'

할머니의 마음은 서러움, 외로움, 허전함, 허망함 등이 쌓여 가고 있었다. 할머니는 겉으로 보기에 그녀의 자녀가 손 벌리지 않고 건전하게 생활하고 있음에 대해 감사하고, 자신 역시 신체적으로 건강함에 행복감을 느끼는 것 같았으나, 내면적으로는 정반대였다.

어느 크리스마스 즈음, 외국에 사는 딸이 선물로 손수 뜨개질한 스웨터를 보내왔다. 스웨터를 받은 할머니는 '그곳에는 디자인도, 색깔도 좋은 것이 많을 텐데 예쁜 것을 사서 보내지 왜 촌스럽게 떠서 보낸담, 돈 아낄려고…… 돈 많이 모아 잘 살아라. 빌어먹을 년.'이라고 중얼거렸다.

선물을 받으면 사람들은 기분이 좋아지고 선물을 보내 준 사람에게 감사함을 느끼기 마련인데, 할머니는 딸이 정성들여 어머니를 생각하며 한 코 한 코 뜨개질한 스웨터임을 수용하지 못하고 '약삭바른 딸년' 이라며 부정적인 감정을 가졌다. 즉, 살아온 과거보다 살아갈 미래가 짧은 할머니는 물질적으로 안정된 생활을 하면서도 정신적으로는 사탄이 득실거리는 지옥에 살고 있었다.

할머니는 서양 속담에 '행복은 감사의 문을 통해 들어와서 불평의 문으로 나간다.' 는 이야기도 들은 적이 없는 분이다. 지금 할머니의 문 밖에 행복이 왔지만, 할머니는 그 문에 자물쇠를 잠그고 있는 것과 마찬가지다. 참으로 안타까운 일이다.

글을 마무리하며

글을 마무리하며

행복의 정의를 다음 세 가지 관점에서 서술하였다.

첫째, 삶의 목표나 목적을 미래에 중점을 둔 행복관이다. 아리스토텔레스는 "행복은 삶의 의미이며 목적이고, 인간 존재의 완전한 목표임과 동시에 목적이다."라고 하였다. 달라이 라마는 종교를 믿든 안 믿든, 이 종교를 믿든 저 종교를 믿든 우리 삶의 목적은 행복이며, 우리는 삶의 행복을 향해 움직인다고 하였다.

둘째, 현실에 바탕을 둔 행복론이다. 리차드 칼슨은 "행복은 자신이 가진 것과 원하는 것 사이에 얼마 만큼 차이가 있느냐에 달려 있다. 이를 공식으로 표현하면 '행복 = 가진 것÷원하는 것×100' 이다. 자기가 가진 것과 원하는 것이 같을 때는 행복 100%이고, 가진 것에 비하여 원하는 것이 클수록 행복은 낮아지게 된다."라고 하였다.

셋째, 절충론이다. 탈벤-샤하르는 행복은 즐거움과 의미의 포괄적인 경험이라 정의하였다. 즐거움은 현재 행위에 따른 이익이다. 의미의 포괄적 경험은 미래의 이익과 연관되어, 순간적이 아닌 모든 경험이 합해진 느낌을 의미한다. 그의 행복론에 따르면 부정적인 감정, 즉 화냄[怒]과 슬픔[哀]은 역설적이게도 미래에 행복의 변인이 될 수 있다.

행복(Happiness)의 어원은 'Happen'이다. 따라서 행복은 발생하는 것이며, 쟁취나 획득되는 것이 아니고 창조되는 것이다. 그러므로 행복은 자기 자신 안에서 이루어진다. 또한 자기가 스스로 가꾸는 것이다. 따라서 자신의 판단과 선택이 행복한 삶의 핵심이 된다.

자기가 자신의 삶을 긍정적인 감정을 가지고 생활하느냐, 부정적인 감정을 가지고 생활하느냐 역시 자기 행복을 좌우하게 하는 관건이 된다.

행복한 삶을 누리기 위해서는 먼저 건강한 신체와 건전한 정신, 그리고 행복을 배양시키고자 하는 긍정적 이기심이 필요하다.

행복을 실현하는 데 필요한 자원은 외적 자원과 내적 자원으로 구분할 수 있다.

외적 자원은 부(富), 사회적 지위(명예, 향락, 건강, 문화, 과학, 예술) 등이다. 외적 자원은 누구나 쉽게 손에 넣을 수 있는 것이 아니고, 관리를 소홀히하거나 무시하면 개인은 물론 사회에 심각한 악영향을 미치게 된다.

내적 자원은 양심, 덕, 이웃사랑, 종교, 위대한 사상과 사업에 종사하는 것이다. 이는 자기 자신이 노력하면 외부의 방해 없이 소유할 수 있고 이들을 육성하면 개인은 물론 살기 좋은 사회를 발달시키는 데 크게 기여하게 된다.

참된 행복의 터전은 행복주의 인생관에서 찾을 수 있다. 여기에서는 쾌락주의, 성취주의, 허무주의, 행복주의 인생관으로 분류하여 살펴보았다. 쾌락주의, 성취주의, 허무주의자는 행복을 추구하는 데 있어 자기가 가지고 있는 주의만이 행복을 가져 온다고 믿고 있으나, 이는 바로 착각 속에서 행복을 찾는 것이다.

참고문헌

이태준(2003). 행복. 조합공동체 이소북.

차동엽(2009). 행복선언. 위즈 앤 비즈.

김원익 역(1998). 행복(게르트 호프만 저). 찬섬.

노혜숙 역(2007). 하버드대 행복학 강의 해피어(탈벤 · 샤하르 저). 위즈덤하우스.

부희령 역(2011). 버리기 전에는 깨닫을 수 없는 것들(존 E. 월선 저). 형성: B 잎새.

안도희(2012). 한 · 중 청소년의 행복감에 관한 연구. 교육학 연구, 제50권 제1호. 한국 교육학회.

정영문 역(1999). 우리는 사소한 것에 목숨을 건다(리처드 칼슨 저). 창작시대.

정진일(2005). 유교철학원론. 문학바탕.

최염순 역(2011). 카네기 행복론(데일 카네기 저). 씨앗을 뿌리는 사람.

함희준 역(2007). 카알 힐티 행복론(카알 힐터 저). 에림미디어.

홍영의 역(1994). 행복(하시라 스가코 저). 서연.

편저자 소개

이달석은 정읍중학교, 정읍농림고등학교(현, 정읍제일고등학교)를 졸업하고 서울대학교 사범대학 교육심리과(문학사), 서울대학교 대학원 교육학과(교육학 석사), 충남대학교 대학원 교육심리 및 교육과정(교육학 박사)을 수학하였으며, 조선대학교 사범대학 교직과 교수를 역임하였다. 현재 조선대학교 명예교수다(홍조근정훈장 수훈).

〈주요 저서〉

- 청년심리학(재동문화사, 1972)
- 교육심리학(학지사, 1997)
- 정년퇴임 기념 논문집(조선대학교 출판부, 2005)

나의 행복지수는......

2013년 2월 15일 1판 1쇄 인쇄
2013년 2월 20일 1판 1쇄 발행

편저자 • 이달석
펴낸이 • 김진환
펴낸곳 • ㈜ 학지사
121-837 서울특별시 마포구 서교동 352-29 마인드월드빌딩 5층
대표전화 • 02) 330-5114 팩스 • 02) 324-2345
등록번호 • 제313-2006-000265호

홈페이지 • http://www.hakjisa.co.kr
커뮤니티 • http://cafe.naver.com/hakjisa

ISBN 978-89-6330-095-5 03370

정가 9,000원

편저자와의 협약으로 인지는 생략합니다.
파본은 구입처에서 바꾸어 드립니다.

이 책을 무단으로 전재하거나 복제할 경우 저작권법에 따라 처벌을 받게 됩니다.

인터넷 학술논문 원문 서비스 **뉴논문** www.newnonmun.com